Petits *C*lassique**
L A R O U

Collection fondée par Félix Guirand,
Agrégé des Lettres

Iphigénie

Racine

Tragédie

Édition présentée,
annotée et commentée
par Cécile LIGNEREUX,
ancienne élève de l'École normale supérieure,
agrégée de lettres modernes

© Éditions Larousse 2008
ISBN : 978-2-03-583909-1

SOMMAIRE

Avant d'aborder l'œuvre

Iphigénie

Racine

Pour approfondir

AVANT D'ABORDER L'ŒUVRE

Fiche d'identité de l'auteur

Racine

Nom : Jean Racine.

Naissance : en 1639, à La Ferté-Milon (Picardie).

Famille : petite bourgeoisie de province.

Très tôt orphelin, Racine bénéficie du soutien de sa famille.

Formation : éducation janséniste par les célèbres maîtres de Port-Royal.

Début de carrière : à partir de 1658, Racine tente par tous les moyens de se faire connaître et de réussir socialement. Il fréquente les milieux mondains et littéraires, dédie des odes au roi et devient auteur de théâtre.

Premier succès : *Andromaque* (1667).

Évolution de sa carrière : les années 1670 voient l'irrésistible ascension de Racine vers la reconnaissance et la gloire, dont le symbole est sa réception à l'Académie française (1673). Les succès s'enchaînent : *Bérénice* (1670), *Bajazet* (1672), *Mithridate* (1673), *Iphigénie* (1674).

Tournant de sa carrière : en 1677, *Phèdre* remporte un triomphe. Mais une cabale organisée par différents ennemis de Racine s'acharne contre la pièce.

Dernière partie de sa carrière : la même année (1677), Racine, qui est alors en pleine gloire, rompt avec le monde du théâtre, renonce à une vie sentimentale agitée, se marie et obtient la charge prestigieuse d'historiographe du roi, charge qui consiste à consigner les événements marquants du règne de Louis XIV. Revenu à la piété et réconcilié avec Port-Royal, il écrit *Esther* (1689) et *Athalie* (1691), tragédies bibliques et édifiantes, pour les pensionnaires de l'institution de Saint-Cyr. Il est nommé « gentilhomme ordinaire du roi » en 1690, ce qui couronne sa fulgurante ascension sociale.

Mort : en 1699, à Paris. Conformément à sa demande, il est inhumé à Port-Royal des Champs.

Portrait de Jean Racine attribué à son fils aîné, Jean-Baptiste.

Repères chronologiques

Vie et œuvre de Racine	Événements politiques et culturels
1639 Naissance à La Ferté-Milon.	**1642** Corneille, *Cinna*.
1649-1658 **Racine reçoit gratuitement l'enseignement de célèbres maîtres jansénistes à Port-Royal des Champs.**	**1643** Mort de Louis XIII. Louis XIV a cinq ans. Début de la régence d'Anne d'Autriche et du ministère de Mazarin.
1659-1660 Débuts mondains et fréquentation des milieux littéraires.	**1648-1653** Révolte de la Fronde, qui menace le pouvoir royal.
1660 Ode en l'honneur du mariage du roi. Sa première pièce, *Amasie*, est refusée par le théâtre du Marais.	**1659** Molière, *Les Précieuses ridicules*. **1660** Louis XIV épouse l'infante Marie-Thérèse d'Espagne.
1663 Racine rompt avec Port-Royal et devient un auteur de théâtre à la vie dissolue.	**1661** **Mort de Mazarin et début du règne personnel de Louis XIV.**
1664 Accueil mitigé de *La Thébaïde*.	**1662** Molière, *L'École des femmes*.
1665 Vif succès d'*Alexandre le Grand*. Racine se brouille avec Molière. Liaison avec la comédienne Thérèse du Parc.	**1664** Molière, *Le Tartuffe* (interdit). **1665** Molière, *Dom Juan*. La Rochefoucauld, *Maximes*.
1666 Violente attaque de Racine contre Port-Royal, hostile au théâtre.	**1666** Molière, *Le Misanthrope*.
1667 Immense succès d'*Andromaque*. Ce triomphe révèle au public le génie dramatique de Racine.	**1668** Le traité d'Aix-la-Chapelle fait de Louis XIV l'arbitre de l'Europe. **1668** La Fontaine, *Fables*.
1668 Succès médiocre de sa comédie *Les Plaideurs*. Attaques des clans de Corneille et de Molière.	**1669** Guilleragues, *Lettres d'une religieuse portugaise*. **1670** Molière, *Le Bourgeois gentilhomme*.
1669 *Britannicus* est un insuccès.	**1672** Molière, *Les Femmes savantes*.

Vie et œuvre de Racine	Événements politiques et culturels

1670
Bérénice est jouée en même temps que *Tite et Bérénice* de Corneille. C'est Racine qui l'emporte.

1672
Triomphe de *Bajazet*.

1673
Grand succès de *Mithridate*, qui provoque l'enthousiasme de Louis XIV. **Racine est reçu à l'Académie française.**

1674
Iphigénie, **grand succès de larmes.**

1677
Vif succès de *Phèdre*, qui manque pourtant de tomber à cause de la cabale organisée par les ennemis de Racine.

1677
Racine épouse la riche Catherine de Romanet, dont il aura sept enfants, rompt avec le théâtre, est nommé historiographe du roi et se réconcilie avec Port-Royal.

1689
Esther, tragédie biblique écrite à la demande de Mme de Maintenon. Succès considérable.

1690
Racine est nommé « gentilhomme ordinaire du roi ».

1691
Athalie, tragédie biblique commandée par Mme de Maintenon.

1699
Il meurt à Paris. Il est enterré, conformément à sa demande, à Port-Royal.

1673
Molière, *Le Malade imaginaire*. **Mort de Molière.**

1674
Dernière tragédie de Corneille, *Suréna*. Boileau, *Art poétique*.

1677
À Versailles commence une importante campagne de travaux sous la direction de l'architecte Hardouin-Mansart.

1678
Traité de Nimègue : apogée du règne de Louis XIV. Mme de Lafayette, *La Princesse de Clèves*.

1680
Création de la Comédie-Française.

1681
Début des Dragonnades contre les protestants.

1682
Louis XIV et la cour s'installent définitivement à Versailles.

1684
Mariage secret du roi et de Mme de Maintenon, qui fait régner à la cour une atmosphère d'austérité et de dévotion.

1685
Révocation de l'édit de Nantes.

1687
Querelle des Anciens et des Modernes.

1688
La Bruyère, *Les Caractères*.

1693
Grande famine.

1697
Le traité de Ryswick marque la fin de la prépondérance française.

Fiche d'identité de l'œuvre

Iphigénie

Genre :
pièce de théâtre.
Tragédie en vers.

Auteur :
Jean Racine, XVIIᵉ siècle
(1639-1699).

Objets d'étude :
le théâtre : texte
et représentation.
Tragique et tragédie.
L'argumentation :
convaincre, persuader,
délibérer.

Registres :
tragique. Pathétique.

Structure : cinq actes.

Forme : pièce écrite en alexandrins.

Principaux personnages : Agamemnon (roi de Mycènes
et chef de l'expédition grecque contre Troie) ;
Clytemnestre (son épouse) ; leur fille Iphigénie ;
Achille (allié d'Agamemnon, fiancé à Iphigénie) ;
Ériphile (princesse captive d'Achille) ; Ulysse
(allié d'Agamemnon).

Sujet : l'action se situe en Aulide, dans la tente
du roi Agamemnon, qui est à la tête de l'armée
grecque destinée à combattre Troie. Avant que
la pièce ne commence, les dieux, par la voix
d'un oracle, lui ont ordonné de sacrifier sa fille
Iphigénie s'il veut que le vent se lève et que
la flotte des coalisés grecs puisse se rendre
à Troie. Déchiré entre sa tendresse paternelle
et ses devoirs à l'égard tant des dieux que
de ses alliés, Agamemnon ne semble pouvoir
se résoudre ni à sacrifier sa fille ni à renoncer
à ses devoirs religieux et politiques. La pièce
est construite sur cette interrogation : Iphigénie
sera-t-elle sacrifiée ou bien sera-t-elle sauvée ?

Représentation de la pièce : la première représentation
a lieu à Versailles, le 18 août 1674, dans
le cadre des fastueux « Divertissements donnés par
le Roi à toute sa Cour au retour de la conquête
de la Franche-Comté ».

Frontispice d'*Iphigénie*.
Gravure d'après une illustration de Jean Bérain.

L'œuvre dans son siècle

Le contexte historique et politique : un jeune roi autoritaire entouré d'une cour brillante

▌ *Louis XIV et le triomphe de la monarchie absolue*

À LA MORT DE MAZARIN en 1661, le jeune Louis XIV choisit de se passer de Premier ministre et de gouverner lui-même, se faisant seulement épauler par des hommes compétents et efficaces qui ont toute sa confiance (Colbert, Le Tellier, Louvois). Son but est de mener une politique de grandeur dans tous les domaines : domaine politique (le roi concentrant tous les pouvoirs entre ses mains) ; religieux (les opinions hétérodoxes, comme celles des jansénistes et des protestants, étant réprimées au nom de l'unité religieuse du pays) ; économique (Louis XIV s'attachant, avec l'aide de Colbert, à développer la prospérité de la France) ; militaire (la politique extérieure agressive menée par Louis XIV visant à établir la prépondérance française sur la scène internationale) ; culturel enfin (le pouvoir royal développant le système des *pensions* accordées aux artistes appréciés par le roi).

▌ *L'art et les belles-lettres au service du prestige royal*

DÈS LE DÉBUT de son gouvernement personnel (1661), Louis XIV manifeste son intention de faire de son règne le plus prestigieux des temps modernes. Protecteur des lettres et des arts, Louis XIV veut les mettre au service exclusif de sa gloire. Pendant la première partie de son règne, il utilise tous les talents reconnus pour réaliser à Versailles une œuvre artistique inégalable. Mécène unique, Louis XIV soutient les académies. À l'instar de l'Académie française, sont créées ou réorganisées l'Académie des inscriptions et belles-lettres (1663), les Académies de peinture et de sculpture (1663), de musique (1669) et d'architecture (1671). Avec le concours de leurs principaux responsables et de Colbert, le Roi-Soleil, qui contribue largement au succès de l'idéal classique, réglemente le travail des artistes, accordant ou retirant pensions, honneurs et gratifications.

LOUIS XIV veut aussi rassembler autour de lui les écrivains pour assurer les divertissements de la cour (qui se déplace notamment entre le Louvre, Versailles, les Tuileries et Saint-Germain-en-Laye, avant de se fixer définitivement à Versailles en 1682). C'est ainsi que Molière, Racine, Boileau et Lully, pensionnés par le roi, écrivent des pièces de théâtre, des comédies-ballets et des opéras qui contribuent au renom de la cour à travers toute l'Europe. Pendant les dix premières années du règne de Louis XIV, la vie à la cour est particulièrement brillante et joyeuse : les spectacles et les divertissements s'y succèdent au rythme des commandes royales. Mais les écrivains appelés à la cour ont aussi pour tâche d'exalter le roi : ainsi Boileau et Racine, nommés historiographes, écrivent-ils une histoire du règne toute à la gloire du monarque.

Racine ou les stratégies d'un écrivain courtisan

TOUTE LA VIE DE RACINE peut être relue à la lumière de son ambition et de sa volonté d'être reconnu. Si Racine connaît une fulgurante ascension sociale, c'est qu'il « s'adapte aux attentes et aux exigences politiques et sociales de son siècle en véritable caméléon » (A. Viala), sachant se conformer non seulement aux modes et aux attentes du public mais aussi aux exigences de la cour et de Louis XIV. C'est grâce à cette « stratégie du caméléon » que Racine parvient à s'attirer la protection du roi et des membres influents de la cour (dont Colbert et Mme de Montespan), à recevoir des subventions royales et à se voir attribuer au fil des ans toutes les distinctions.

NON SEULEMENT Louis XIV assiste à la représentation de la plupart de ses pièces, mais encore il les choisit pour les fastueuses fêtes de la cour. Par exemple, *Bérénice* est représentée au palais des Tuileries à l'occasion du mariage du duc de Nevers et de Mlle de Thianges. Quant à *Iphigénie*, elle est choisie pour être jouée dans le cadre des somptueux « Divertissements donnés par le Roi à toute sa Cour au retour de la conquête de la Franche-Comté ». Louis XIV vient en effet d'enlever cette province à l'Espagne, qui n'a pas versé la dot de l'infante Marie-Thérèse lors de son mariage avec le roi. Les troupes du roi de France avaient déjà envahi la Franche-Comté en 1668, puis elles s'étaient retirées ; l'Espagne n'ayant pas tenu compte de cet avertissement, elles occupent à nouveau cette province. La somptueuse fête de 1674 célèbre donc la légitimité d'un monarque qui agit de son bon droit.

L'œuvre dans son siècle

Le contexte culturel : une vie théâtrale riche et mouvementée

Salles, troupes et acteurs de théâtre au moment de la création d'Iphigénie

Lors de la création des premières pièces de Racine, trois salles permanentes sont en concurrence : la salle de l'Hôtel de Bourgogne, celle du théâtre du Marais et celle du Palais-Royal, où joue la troupe de Molière. La mort de ce dernier, en 1673, provoque de grands changements : tandis que certains de ses comédiens rejoignent l'Hôtel de Bourgogne, d'autres fusionnent avec la troupe du Marais pour constituer le théâtre Guénégaud. Quoi qu'il en soit, les troupes se livrent alors une concurrence acharnée, et la vie théâtrale est riche en querelles, en cabales et en polémiques.

D'une part, il est fréquent que deux troupes concurrentes proposent des pièces portant sur le même sujet, créant ainsi une situation de rivalité bien connue de Racine. En 1664, au moment où il écrit sa première pièce, *La Thébaïde*, pour la troupe de Molière, l'abbé Boyer écrit en même temps une *Thébaïde* pour la troupe rivale de l'Hôtel de Bourgogne. En 1670, *Bérénice* de Racine, créée à l'Hôtel de Bourgogne, affronte *Tite et Bérénice* de Corneille, créée par la troupe de Molière – duel dont la pièce de Racine sort victorieuse. En 1674, *Iphigénie*, donnée à l'Hôtel de Bourgogne, triomphe aisément d'une *Iphigénie* composée par Leclerc et Coras jouée au théâtre Guénégaud. Enfin, en 1677, Pradon écrit une *Phèdre et Hippolyte* pour concurrencer la pièce de Racine.

D'autre part, les tentatives de débauchage des comédiens sont courantes. C'est sur la pression de Racine que la célèbre comédienne Thérèse du Parc quitte en 1667 la troupe de Molière et passe à l'Hôtel de Bourgogne. Les auteurs dramatiques savent en effet que les spectateurs accourent pour voir les comédiens à la mode. Les héroïnes de Racine doivent beaucoup aux célèbres actrices que sont la Du Parc, très belle interprète d'*Andromaque*, et la Champmeslé, particulièrement douée pour déclamer les vers. Si Racine est surnommé *le tendre Racine*, c'est bien sûr en raison de ses héroïnes vertueuses et pathétiques (de Bérénice à Iphigénie en passant par Atalide et

Monime). Mais c'est aussi en grande partie grâce à l'interprétation particulièrement touchante de la Champmeslé.

Enfin, les revirements des auteurs, qui recourent tantôt à une troupe tantôt à sa rivale pour faire jouer leurs pièces, entretiennent ce climat de compétition. Alors que Racine avait fait jouer sa première tragédie par la troupe de Molière, il décide brusquement, quelques jours après la première représentation d'*Alexandre le Grand*, de lui retirer cette deuxième tragédie pour la donner à la troupe de l'Hôtel de Bourgogne, à laquelle il fera désormais jouer la plupart de ses pièces.

La production dramatique racinienne au cœur de querelles et de débats

Tout au long de sa carrière, Racine doit lutter pour se faire reconnaître et admettre dans le monde théâtral. Sa carrière d'auteur dramatique est faite de luttes perpétuelles contre toutes sortes de détracteurs : ses rivaux (parmi lesquels Corneille et les défenseurs de son esthétique tragique), les critiques, les théoriciens du théâtre, mais aussi les jaloux de tous ordres. Ses pièces sont ainsi systématiquement attaquées et caricaturées, même les plus appréciées du public.

Tel est le cas d'*Iphigénie* qui, malgré son triomphe incontesté, n'échappe pas aux critiques. Certes, les reproches qui sont faits à Racine restent formulés de manière courtoise et réservée, tant le dramaturge est au sommet de sa carrière. Pourtant, ils n'en dénoncent pas moins ici l'inutilité des intrigues amoureuses, là quelques invraisemblances (les exigences des dieux apparaissent injustifiées ; Iphigénie se résout trop facilement à mourir ; Arcas trahit son maître deux fois ; Calchas, qui connaît l'existence et les origines d'Ériphile, ne comprend pas que l'oracle la concerne avant la dernière scène). La cabale menée contre Racine aboutit même à la création d'une autre *Iphigénie*, écrite par deux piètres auteurs, Leclerc et Coras ! Si Racine, furieux de cette concurrence déloyale, ne réussit pas à faire interdire la pièce, il parvient néanmoins à en retarder la création. En fait, Racine n'avait rien à craindre : la pièce rivale ne connaît que cinq représentations.

L'œuvre dans son siècle

Les luttes incessantes de Racine pour imposer ses tragédies

C'EST DONC dans un climat constamment polémique que Racine tente d'imposer ses tragédies – climat auquel font écho ses préfaces, souvent cinglantes à l'égard de ses ennemis. Par exemple, dans celle de *Britannicus,* affirmant qu'« il n'y a rien de plus naturel que de se défendre quand on se croit injustement attaqué », Racine répond aux nombreuses objections de ses « censeurs » et fait un véritable réquisitoire contre des « juges si difficiles ». Dans celle de *Bérénice*, il traite par le mépris les « quelques personnes » qui, incapables de se réserver « le plaisir de pleurer et d'être attendries », ont critiqué sa pièce. Dans celle d'*Iphigénie*, il rend hommage aux spectateurs qui ont été émus et s'en prend violemment aux Modernes. Dans celle de *Phèdre* enfin, il ressent le besoin de se justifier contre les accusations d'immoralité dont il a fait l'objet. Racine aura ainsi affronté dix années de cabales, de luttes et de polémiques.

Racine tenant sa tragédie d'*Iphigénie*
et s'appuyant sur la statue d'Euripide.
Par Jean-Joseph Espercieux, 1806.

Lire l'œuvre aujourd'hui

Depuis l'Antiquité, le mythe d'Iphigénie a donné lieu à de nombreuses représentations picturales et œuvres littéraires. Or force est de constater qu'à l'heure où s'estompe la signification religieuse du mythe, les thèmes du sacrifice d'une innocente par son propre père et de la soumission à l'oracle nous paraissent quelque peu étrangers. Nul doute que les contemporains de Racine, imprégnés de culture chrétienne, étaient sensibles à une intrigue qui leur rappelait les sacrifices bibliques. Les spectateurs d'aujourd'hui, quant à eux, tendent davantage à privilégier les données psychologiques et morales qui se déploient dans la pièce. *Iphigénie* expose certes les souffrances de personnages confrontés à un choix éthique qui revient à choisir d'obéir aux ordres divins ou aux valeurs humaines. Mais elle dépasse largement cette problématique pour questionner aussi bien l'épreuve de la sincérité, la fragilité de l'action humaine, l'incompréhension entre les êtres.

Comment assumer une décision douloureuse ?

L'intrigue repose largement sur les revirements d'Agamemnon, qui tantôt décide de sacrifier sa fille, tantôt de l'épargner – revirements qui traduisent la souffrance d'un homme déchiré entre sa tendresse paternelle et ses devoirs politiques et religieux. Mais elle repose également sur les mensonges, les ruses et les faux-fuyants d'un homme incapable non seulement de s'en tenir à une décision, mais encore de l'annoncer aux membres de sa famille. L'attitude d'Agamemnon apparaît d'autant plus condamnable que, s'il refuse de communiquer l'oracle, c'est par peur d'avoir à supporter les reproches et les pressions de son épouse et de son futur gendre. Ainsi, plutôt que d'avouer la situation à ses proches, Agamemnon préfère ourdir des ruses et forger des mensonges. Le courage de dire la vérité ne serait-il pas préférable à la lâcheté de cruels stratagèmes ?

Comment maîtriser la portée de ses actes ?

Iphigénie déploie une vision tragique de l'homme dans la mesure où les personnages apparaissent comme les jouets aveugles et impuissants de la fatalité voulue par les dieux. Alors que la liberté des protagonistes semblait s'exercer à travers leurs diverses stratégies de défense, le dénouement fait comprendre au spectateur qu'en réalité tout était joué d'avance. Ainsi la révélation finale rend-elle dérisoires

Lire l'œuvre aujourd'hui

les actes par lesquels les personnages tentent de maîtriser leur sort. Les hommes ne paraissent pas seulement impuissants face à la fatalité, mais encore incapables de mesurer les conséquences de leurs actes, au point que ceux-ci se retournent souvent contre eux. En mettant en valeur tout ce qui limite le pouvoir d'action, *Iphigénie* invite à reconnaître l'essentielle fragilité de l'action humaine, dont les conséquences sont imprévisibles.

Comment éviter les malentendus ?

La pièce met en scène les erreurs d'interprétation dont sont victimes les hommes. D'une part, ils se trompent sur les intentions des dieux, dont ils ne comprennent pas le langage. Certes, l'oracle est équivoque. Mais la mauvaise interprétation qu'en fait Agamemnon, dont dépend toute l'intrigue d'*Iphigénie*, repose sur une idée fausse, d'ailleurs largement partagée par les protagonistes : celle que les dieux sont vengeurs et cruels. D'autre part, les membres d'une même famille se déchirent surtout parce qu'ils ne se comprennent pas et se prêtent les uns aux autres de fausses motivations. Ainsi les personnages sont-ils victimes d'apparences qu'ils ne songent ni à contester ni à interroger.

Iphigénie

Racine

Tragédie en vers représentée
pour la première fois le 18 août 1674

Préface

Il n'y a rien de plus célèbre dans les poètes[1] que le sacrifice d'Iphigénie. Mais ils ne s'accordent pas tous ensemble sur les plus importantes particularités de ce sacrifice. Les uns, comme Eschyle dans *Agamemnon*[2], Sophocle dans *Électra*[3], et, après eux Lucrèce, Horace[4] et beaucoup d'autres, veulent[5] qu'on ait en effet[6] répandu le sang d'Iphigénie, fille d'Agamemnon, et qu'elle soit morte en Aulide[7]. Il ne faut que lire Lucrèce, au commencement de son premier livre :

Aulide quo pacto Triviaï virginis aram
Iphianassa turparunt sanguine foede
Ductores Danaum, etc.[8]

Et Clytemnestre dit, dans Eschyle[9], qu'Agamemnon, son mari, qui vient d'expirer, rencontrera dans les enfers Iphigénie, sa fille, qu'il a autrefois immolée.

D'autres ont feint[10] que Diane, ayant eu pitié de cette jeune princesse, l'avait enlevée et portée dans la Tauride[11], au moment qu'on l'allait sacrifier, et que la déesse avait fait trouver en sa place ou une biche, ou une autre victime de cette nature. Euripide[12] a suivi cette fable, et Ovide l'a mise au nombre des *Métamorphoses*[13].

---

1. **Dans les poètes :** dans la littérature.
2. *Agamemnon :* tragédie d'Eschyle (ve siècle av. J.-C.) qui a pour thème l'assassinat d'Agamemnon, par Clytemnestre et Égisthe, lorsqu'il revint de la guerre de Troie.
3. *Électra :* tragédie de Sophocle (ve siècle av. J.-C.) qui raconte comment les enfants d'Agamemnon, Électre et Oreste, vengent son meurtre.
4. **Lucrèce, Horace :** poètes latins (i^{er} siècle av. J.-C.).
5. **Veulent :** prétendent.
6. **En effet :** réellement.
7. **Aulide :** région du port d'Aulis, en Béotie.
8. *Aulide [...] Danaum, etc. :* « C'est de cette façon qu'à Aulis, les chefs grecs souillèrent honteusement du sang d'Iphianassa [nom donné par Homère à Iphigénie] l'autel de la vierge des carrefours [Diane] ».
9. **Dans Eschyle :** dans sa tragédie *Agamemnon.*
10. **Ont feint :** ont imaginé.
11. **La Tauride :** région de la Crimée, au nord de la mer Noire.
12. **Euripide :** auteur tragique grec (ve siècle av. J.-C.).
13. *Métamorphoses :* œuvre de poésie mythologique du poète latin Ovide (i^{er} siècle av. J.-C.).

Il y a une troisième opinion, qui n'est pas moins ancienne que les deux autres, sur Iphigénie. Plusieurs auteurs, et entre autres Stésichorus[1], l'un des plus fameux et des plus anciens poètes lyriques, ont écrit qu'il était bien vrai qu'une princesse de ce nom avait été sacrifiée, mais que cette Iphigénie était une fille qu'Hélène avait eue de Thésée. Hélène, disent ces auteurs, ne l'avait osé avouer pour sa fille, parce qu'elle n'osait déclarer à Ménélas qu'elle eût été mariée en secret avec Thésée. Pausanias[2] rapporte et le témoignage et les noms des poètes qui ont été de ce sentiment. Et il ajoute que c'était la créance[3] commune de tout le pays d'Argos.

Homère enfin, le père des poètes, a si peu prétendu qu'Iphigénie, fille d'Agamemnon, eût été sacrifiée en Aulide, ou transportée dans la Scythie, que, dans le neuvième livre de l'*Iliade*, c'est-à-dire près de dix ans depuis l'arrivée des Grecs devant Troie, Agamemnon fait offrir en mariage à Achille sa fille Iphigénie, qu'il a, dit-il, laissée à Mycène, dans sa maison.

J'ai rapporté tous ces avis si différents, et surtout le passage de Pausanias, parce que c'est à cet auteur que je dois l'heureux personnage d'Ériphile, sans lequel je n'aurais jamais osé entreprendre cette tragédie. Quelle apparence que[4] j'eusse souillé la scène par le meurtre horrible d'une personne aussi vertueuse et aussi aimable qu'il fallait représenter Iphigénie ? Et quelle apparence encore de dénouer ma tragédie par le secours d'une déesse et d'une machine[5], et par une métamorphose, qui pouvait bien trouver quelque créance du temps d'Euripide, mais qui serait trop absurde et trop incroyable parmi nous ?

Je puis dire donc que j'ai été très heureux de trouver dans les anciens cette autre Iphigénie, que j'ai pu représenter telle qu'il m'a plu, et qui, tombant dans le malheur où cette amante jalouse voulait précipiter sa rivale, mérite en quelque façon d'être punie,

---

1. **Stésichorus :** Stésichore, poète grec (VIIe-VIe siècle av. J.-C.) dont il ne nous reste que des fragments. Dans une note, Racine renvoie à ses *Corinthiaques*, livre XXII.
2. **Pausanias :** géographe et historien grec (Ier siècle apr. J.-C.).
3. **Créance :** croyance.
4. **Quelle apparence que :** aurait-ce été vraisemblable si.
5. **Machine :** mécanisme utilisé au théâtre pour faire bouger des accessoires ou des personnages (les « tragédies à machines » avaient alors beaucoup de succès).

sans être pourtant tout à fait indigne de compassion. Ainsi le dénouement de la pièce est tiré du fond même de la pièce. Et il ne faut que l'avoir vu représenter pour comprendre quel plaisir j'ai fait au spectateur, et en sauvant à la fin une princesse vertueuse pour qui il s'est si fort intéressé[1] dans le cours de la tragédie, et en la sauvant par une autre voie que par un miracle, qu'il n'aurait pu souffrir, parce qu'il ne le saurait jamais croire.

Le voyage d'Achille à Lesbos, dont ce héros se rend maître, et d'où il enlève Ériphile avant que de venir en Aulide, n'est pas non plus sans fondement. Euphorion de Chalcide[2], poète très connu parmi les anciens et dont Virgile[3] et Quintilien[4] font une mention honorable, parlait de ce voyage de Lesbos. Il disait dans un de ses poèmes, au rapport de Parthénius[5], qu'Achille avait fait la conquête de cette île avant que de joindre l'armée des Grecs, et qu'il y avait même trouvé une princesse qui s'était éprise d'amour pour lui.

Voilà les principales choses en quoi je me suis un peu éloigné de l'économie[6] et de la fable[7] d'Euripide. Pour ce qui regarde les passions, je me suis attaché à le suivre plus exactement. J'avoue que je lui dois un bon nombre des endroits qui ont été le plus approuvés dans ma tragédie. Et je l'avoue d'autant plus volontiers que ces approbations m'ont confirmé dans l'estime et dans la vénération que j'ai toujours eues pour les ouvrages qui nous restent de l'Antiquité. J'ai reconnu avec plaisir, par l'effet qu'a produit sur notre théâtre tout ce que j'ai imité ou d'Homère ou d'Euripide, que le bon sens et la raison étaient les mêmes dans tous les siècles. Le goût de Paris s'est trouvé conforme à celui d'Athènes. Mes spectateurs ont été émus des mêmes choses qui ont mis autrefois en larmes le plus savant peuple de la Grèce, et qui ont fait dire qu'entre les poètes, Euripide était extrêmement tragique, τραγικώτατος, c'est-à-dire qu'il savait merveilleusement

1. **Intéressé :** à qui il s'est attaché.
2. **Euphorion de Chalcide :** poète grec (IIIe siècle av. J.-C.).
3. **Virgile :** poète latin (Ier siècle av. J.-C.). Dans une note, Racine renvoie aux *Bucoliques*, X.
4. **Quintilien :** auteur latin de traités de rhétorique (Ier siècle apr. J.-C.). Dans une note, Racine renvoie à *L'Institution oratoire*, X.
5. **Parthénius :** Parthénius de Nicée, poète du Ier siècle apr. J.-C.
6. **L'économie :** l'organisation générale.
7. **La fable :** l'histoire.

exciter la compassion et la terreur[1], qui sont les véritables effets de la tragédie.

Je m'étonne, après cela, que des modernes[2] aient témoigné depuis tant de dégoût pour ce grand poète, dans le jugement qu'ils ont fait de son *Alceste*[3]. Il ne s'agit point ici de l'Alceste. Mais en vérité j'ai trop d'obligation à Euripide pour ne pas prendre quelque soin de sa mémoire, et pour laisser échapper l'occasion de le réconcilier avec ces Messieurs. Je m'assure[4] qu'il n'est si mal dans leur esprit que parce qu'ils n'ont pas bien lu l'ouvrage sur lequel ils l'ont condamné. J'ai choisi la plus importante de leurs objections, pour leur montrer que j'ai raison de parler ainsi. Je dis la plus importante de leurs objections. Car ils la répètent à chaque page, et ils ne soupçonnent pas seulement que l'on y puisse répliquer.

Il y a dans l'*Alceste* d'Euripide une scène merveilleuse, où Alceste qui se meurt et qui ne peut plus se soutenir, dit à son mari les derniers adieux. Admète, tout en larmes, la prie de reprendre ses forces et de ne se point abandonner elle-même. Alceste, qui a l'image de la mort devant les yeux, lui parle ainsi :

« Je vois déjà la rame et la barque fatale ,
J'entends le vieux nocher sur la rive infernale.
Impatient, il crie : "On t'attend ici-bas ;
Tout est prêt, descends, viens, ne me retarde pas[5]." »

J'aurais souhaité de pouvoir exprimer dans ces vers les grâces qu'ils ont dans l'original. Mais au moins en voilà le sens. Voici comme ces Messieurs les ont entendus[6]. Il leur est tombé entre les mains une malheureuse édition d'Euripide, où l'imprimeur a oublié de mettre dans le latin à côté de ces vers un *Al.*, qui signifie que c'est Alceste qui parle ; et à côté des vers suivants un *Ad.*, qui signifie que c'est Admète qui répond. Là-dessus, il leur est

---

1. **La compassion et la terreur :** dans la *Poétique*, le philosophe grec Aristote (Ier siècle av. J.-C.) définit la tragédie par la « catharsis », ou purgation des passions, grâce à la pitié et la terreur que suscite le spectacle tragique.
2. **Modernes :** Racine fait allusion à la querelle des Anciens et des Modernes.
3. *Alceste :* tragédie d'Euripide. Charles Perrault, qui faisait partie du camp des Modernes contre les Anciens, avait déclaré préférer l'opéra intitulé *Alceste* de Quinault à la tragédie d'Euripide.
4. **Je m'assure :** je suis sûr.
5. **« Je vois déjà [...] ne me retarde pas » :** extrait de l'*Alceste* d'Euripide.
6. **Entendus :** compris.

venu dans l'esprit la plus étrange pensée du monde. Ils ont mis dans la bouche d'Admète les paroles qu'Alceste dit à Admète et celles qu'elle se fait dire par Charon[1]. Ainsi ils supposent qu'Admète, quoiqu'il soit en parfaite santé, *pense voir déjà Charon qui le vient prendre*. Et au lieu que, dans ce passage d'Euripide, Charon, impatient, presse Alceste de le venir trouver, selon ces Messieurs, c'est Admète effrayé qui est impatient, et qui presse Alceste d'expirer, de peur que Charon ne le prenne. Il *l'exhorte*, ce sont leurs termes, *à avoir courage, à ne pas faire une lâcheté, et à mourir de bonne grâce ; il interrompt les adieux d'Alceste pour lui dire de se dépêcher de mourir*. Peu s'en faut, à les entendre, qu'il ne la fasse mourir lui-même. Ce sentiment leur a paru *fort vilain*. Et ils ont raison. Il n'y a personne qui n'en fût très scandalisé. Mais comment l'ont-ils pu attribuer à Euripide ? En vérité, quand toutes les autres éditions où cet *Al.* n'a point été oublié ne donneraient pas un démenti au malheureux imprimeur qui les a trompés, la suite de ces quatre vers, et tous les discours qu'Admète tient dans la même scène, étaient plus que suffisants pour les empêcher de tomber dans une erreur si déraisonnable. Car Admète, bien éloigné de presser Alceste de mourir, s'écrie : « Que toutes les morts ensemble lui seraient moins cruelles que de la voir en l'état où il la voit. Il la conjure de l'entraîner avec elle. Il ne peut plus vivre si elle meurt. Il vit en elle, il ne respire que pour elle. »

Ils ne sont pas plus heureux dans les autres objections. Ils disent, par exemple, qu'Euripide a fait deux *époux surannés* d'Admète et d'Alceste ; que l'un est un *vieux mari*, et l'autre une *princesse déjà sur l'âge*. Euripide a pris soin de leur répondre en un seul vers, où il fait dire par le chœur qu'Alceste, « toute jeune, et dans la première fleur de son âge, expire pour son jeune époux ».

Ils reprochent encore à Alceste qu'elle a deux grands enfants à marier. Comment n'ont-ils point lu le contraire en cent endroits, et surtout dans ce beau récit où l'on dépeint Alceste « mourante au milieu de ses deux petits enfants, qui la tirent, en pleurant, par la robe, et qu'elle prend sur ses bras l'un après l'autre pour les baiser[2] » ?

---

1. **Charon :** dans la mythologie, il conduit les morts aux Enfers en leur faisant traverser le fleuve du Styx.
2. **« mourante [...] pour les baiser »** : extrait d'*Alceste*.

Tout le reste de leurs critiques est à peu près de la force de celles-ci. Mais je crois qu'en voilà assez pour la défense de mon auteur. Je conseille à ces Messieurs de ne plus décider si légèrement sur les ouvrages des Anciens. Un homme tel qu'Euripide méritait au moins qu'ils l'examinassent, puisqu'ils avaient envie de le condamner. Ils devaient se souvenir de ces sages paroles de Quintilien : « Il faut être extrêmement circonspect et très retenu à prononcer sur[1] les ouvrages de ces grands hommes, de peur qu'il ne nous arrive, comme à plusieurs, de condamner ce que nous n'entendons pas. Et s'il faut tomber dans quelque excès, encore vaut-il mieux pécher en admirant tout dans leurs écrits, qu'en y blâmant beaucoup de choses. » *Modeste tamen et circumspecto judicio de tantis viris pronuntiandum est, ne (quod plerisque accidit) damnent quae non intelligunt. Ac si necesse est in alteram errare partem, omnia eorum legentibus placere quam multa displicere maluerim*[2].

---

1. **À prononcer sur :** à juger.
2. ***Modeste tamen [...] maluerim » :*** extrait de *L'Institution oratoire* de Quintilien.

PERSONNAGES

AGAMEMNON.

ACHILLE.

ULYSSE.

CLYTEMNESTRE   *femme d'Agamemnon.*

IPHIGÉNIE   *fille d'Agamemnon.*

ÉRIPHILE   *fille d'Hélène et de Thésée.*

ARCAS   *domestique d'Agamemnon.*

EURYBATE   *domestique d'Agamemnon.*

ÆGINE   *femme de la suite de Clytemnestre.*

DORIS   *confidente d'Ériphile.*

Troupe de gardes.

La scène est en Aulide, dans la tente d'Agamennon.

ACTE I

Scène 1 AGAMEMNON, ARCAS.

AGAMEMNON

Oui, c'est Agamemnon, c'est ton roi qui t'éveille.
Viens, reconnais la voix qui frappe ton oreille.

ARCAS

C'est vous-même, Seigneur ! Quel important besoin
Vous a fait devancer l'aurore de si loin ?
5   À peine un faible jour vous éclaire et me guide.
Vos yeux seuls et les miens sont ouverts dans l'Aulide.
Avez-vous dans les airs entendu quelque bruit ?
Les vents nous auraient-ils exaucés[1] cette nuit ?
Mais tout dort, et l'armée, et les vents, et Neptune.

AGAMEMNON

10 Heureux qui satisfait de son humble fortune[2],
Libre du joug superbe[3] où je suis attaché,
Vit dans l'état obscur où les dieux l'ont caché !

ARCAS

Et depuis quand, Seigneur, tenez-vous ce langage ?
Comblé de tant d'honneurs, par quel secret outrage
15 Les dieux, à vos désirs toujours si complaisants,
Vous font-ils méconnaître et haïr leurs présents ?
Roi, père, époux heureux, fils du puissant Atrée,
Vous possédez des Grecs la plus riche contrée.
Du sang de Jupiter issu de tous côtés,
20 L'hymen[4] vous lie encore aux dieux dont vous sortez.
Le jeune Achille enfin, vanté par tant d'oracles,

---

1. **Exaucés** : allusion à l'absence de vent, qui empêche la flotte grecque de gagner Troie.
2. **Fortune** : destinée.
3. **Superbe** : de haute condition, majestueux.
4. **Hymen** : mariage.

Achille à qui le ciel promet tant de miracles[1],
Recherche votre fille, et d'un hymen si beau
Veut dans Troie embrasée allumer le flambeau.
25 Quelle gloire, Seigneur, quels triomphes égalent
Le spectacle pompeux que ces bords vous étalent[2],
Tous ces mille vaisseaux, qui chargés de vingt rois,
N'attendent que les vents pour partir sous vos lois ?
Ce long calme, il est vrai, retarde vos conquêtes ;
30 Ces vents depuis trois mois enchaînés sur nos têtes,
D'Ilion[3] trop longtemps vous ferment le chemin.
Mais parmi tant d'honneurs, vous êtes homme enfin :
Tandis que[4] vous vivrez, le sort, qui toujours change,
Ne vous a point promis un bonheur sans mélange.
35 Bientôt... Mais quels malheurs dans ce billet tracés
Vous arrachent, Seigneur, les pleurs que vous versez ?
Votre Oreste au berceau va-t-il finir sa vie ?
Pleurez-vous Clytemnestre, ou bien Iphigénie ?
Qu'est-ce qu'on vous écrit ? Daignez m'en avertir.

AGAMEMNON

40 Non, tu ne mourras point, je n'y puis consentir.

ARCAS

Seigneur...

AGAMEMNON

Tu vois mon trouble ; apprends ce qui le cause,
Et juge s'il est temps, ami, que je repose.
Tu te souviens du jour qu'[5]en Aulide assemblés
Nos vaisseaux par les vents semblaient être appelés.
45 Nous partions ; et déjà par mille cris de joie
Nous menacions de loin les rivages de Troie.
Un prodige étonnant fit taire ce transport[6] :

---

1. **Miracles :** actions extraordinaires.
2. **Vous étalent :** vous montrent.
3. **Ilion :** autre nom de Troie.
4. **Tandis que :** tant que.
5. **Du jour qu' :** du jour où.
6. **Transport :** vive émotion.

Le vent qui nous flattait[1] nous laissa dans le port.
Il fallut s'arrêter, et la rame inutile
50 Fatigua vainement une mer immobile.
Ce miracle inouï me fit tourner les yeux
Vers la divinité[2] qu'on adore en ces lieux.
Suivi de Ménélas, de Nestor et d'Ulysse[3],
J'offris sur ses autels un secret sacrifice.
55 Quelle fut sa réponse ! Et quel devins-je, Arcas,
Quand j'entendis ces mots prononcés par Calchas :
« Vous armez contre Troie une puissance vaine,
« Si dans un sacrifice auguste et solennel
« Une fille du sang d'Hélène
60 « De Diane en ces lieux n'ensanglante l'autel.
« Pour obtenir les vents que le ciel vous dénie[4]
« Sacrifiez Iphigénie. »

ARCAS

Votre fille !

AGAMEMNON

Surpris, comme tu peux penser,
Je sentis dans mon corps tout mon sang se glacer.
65 Je demeurai sans voix, et n'en repris l'usage
Que par mille sanglots qui se firent passage.
Je condamnai les dieux, et sans plus rien ouïr,
Fis vœu sur leurs autels de leur désobéir.
Que n'en croyais-je alors ma tendresse alarmée ?
70 Je voulais sur-le-champ congédier l'armée.
Ulysse, en apparence approuvant mes discours,
De ce premier torrent laissa passer le cours,
Mais bientôt, rappelant sa cruelle industrie[5],
Il me représenta l'honneur et la patrie,
75 Tout ce peuple, ces rois à mes ordres soumis,

---

1. **Qui nous flattait :** qui nous donnait des illusions.
2. **La divinité :** la déesse Diane.
3. **Ménélas, Nestor, Ulysse :** rois grecs.
4. **Dénie :** refuse.
5. **Industrie :** habileté.

Et l'empire d'Asie[1] à la Grèce promis :
De quel front[2] immolant tout l'État à ma fille,
Roi sans gloire, j'irais vieillir dans ma famille.
Moi-même, je l'avoue avec quelque pudeur[3],
80 Charmé[4] de mon pouvoir et plein de ma grandeur,
Ces noms de roi des rois et de chef de la Grèce
Chatouillaient[5] de mon cœur l'orgueilleuse faiblesse.
Pour comble de malheur, les dieux toutes les nuits,
Dès qu'un léger sommeil suspendait mes ennuis[6],
85 Vengeant de leurs autels le sanglant privilège,
Me venaient reprocher ma pitié sacrilège,
Et présentant la foudre[7] à mon esprit confus,
Le bras déjà levé, menaçaient mes refus.
Je me rendis, Arcas ; et, vaincu par Ulysse,
90 De ma fille, en pleurant, j'ordonnai le supplice.
Mais des bras d'une mère il fallait l'arracher.
Quel funeste artifice[8] il me fallut chercher !
D'Achille, qui l'aimait, j'empruntai le langage.
J'écrivis en Argos, pour hâter ce voyage,
95 Que ce guerrier, pressé de partir avec nous,
Voulait revoir ma fille, et partir son époux.

ARCAS

Et ne craignez-vous point l'impatient[9] Achille ?
Avez-vous prétendu que, muet et tranquille,
Ce héros, qu'armera l'amour et la raison,
100 Vous laisse pour ce meurtre abuser[10] de son nom ?
Verra-t-il à ses yeux son amante immolée ?

---

1. **L'empire d'Asie :** le royaume de Troie se trouve en Asie.
2. **Front :** attitude.
3. **Pudeur :** honte.
4. **Charmé :** envoûté.
5. **Chatouillaient :** flattaient.
6. **Ennuis :** tourments, souffrances.
7. **Foudre :** c'est l'attribut de Zeus.
8. **Artifice :** stratagème.
9. **Impatient :** qui s'emporte facilement.
10. **Abuser :** utiliser pour tromper.

AGAMEMNON

Achille était absent. Et son père Pélée,
D'un voisin ennemi redoutant les efforts,
L'avait, tu t'en souviens, rappelé de ces bords ;
105 Et cette guerre, Arcas, selon toute apparence,
Aurait dû plus longtemps prolonger son absence.
Mais qui peut dans sa course arrêter ce torrent ?
Achille va combattre, et triomphe en courant ;
Et ce vainqueur, suivant de près sa renommée,
110 Hier avec la nuit arriva dans l'armée.
Mais des nœuds[1] plus puissants me retiennent le bras.
Ma fille qui s'approche et court à son trépas,
Qui loin de soupçonner un arrêt[2] si sévère,
Peut-être s'applaudit[3] des bontés de son père,
115 Ma fille... Ce nom seul, dont les droits sont si saints,
Sa jeunesse, mon sang n'est pas ce que je plains.
Je plains mille vertus, une amour mutuelle,
Sa piété[4] pour moi, ma tendresse pour elle,
Un respect qu'en son cœur rien ne peut balancer,
120 Et que j'avais promis de mieux récompenser.
Non, je ne croirai point, ô ciel, que ta justice
Approuve la fureur[5] de ce noir sacrifice.
Tes oracles sans doute ont voulu m'éprouver,
Et tu me punirais si j'osais l'achever.
125 Arcas, je t'ai choisi pour cette confidence ;
Il faut montrer ici ton zèle et ta prudence.
La reine, qui dans Sparte avait connu ta foi[6],
T'a placé dans le rang que tu tiens près de moi.
Prends cette lettre, cours au-devant de la reine,
130 Et suis sans t'arrêter le chemin de Mycène.
Dès que tu la verras, défends-lui d'avancer,

---

1. **Nœuds :** liens.
2. **Arrêt :** décision.
3. **S'applaudit :** se fait une joie.
4. **Piété :** respect filial.
5. **Fureur :** folie.
6. **Foi :** fidélité.

Et rends-lui[1] ce billet que je viens de tracer.
Mais ne t'écarte point[2], prends un fidèle[3] guide.
Si ma fille une fois met le pied dans l'Aulide,
135 Elle est morte. Calchas, qui l'attend en ces lieux,
Fera taire nos pleurs, fera parler les dieux ;
Et la religion, contre nous irritée,
Par les timides[4] Grecs sera seule écoutée.
Ceux mêmes dont ma gloire aigrit l'ambition
140 Réveilleront leur brigue[5] et leur prétention,
M'arracheront peut-être un pouvoir qui les blesse...
Va, dis-je, sauve-la de ma propre faiblesse.
Mais surtout ne va point, par un zèle indiscret[6],
Découvrir à ses yeux mon funeste secret.
145 Que s'il se peut, ma fille, à jamais abusée[7],
Ignore à quel péril je l'avais exposée.
D'une mère en fureur épargne-moi les cris ;
Et que ta voix s'accorde avec ce que j'écris.
Pour renvoyer la fille et la mère offensée,
150 Je leur écris qu'Achille a changé de pensée,
Et qu'il veut désormais jusques à son retour
Différer cet hymen que pressait[8] son amour.
Ajoute, tu le peux, que des froideurs d'Achille
On accuse en secret cette jeune Ériphile
155 Que lui-même captive amena de Lesbos,
Et qu'auprès de ma fille on garde dans Argos.
C'est leur en dire assez ; le reste, il le faut taire.
Déjà le jour plus grand nous frappe et nous éclaire,
Déjà même l'on entre, et j'entends quelque bruit.
160 C'est Achille. Va, pars. Dieux ! Ulysse le suit !

---

1. **Rends-lui :** donne-lui.
2. **Ne t'écarte point :** ne t'éloigne pas du bon chemin.
3. **Fidèle :** fiable.
4. **Timides :** peureux.
5. **Brigue :** complot.
6. **Indiscret :** sans réflexion.
7. **Abusée :** trompée.
8. **Pressait :** réclamait.

Clefs d'analyse

Compréhension

Une exposition dynamique et efficace

- Relever les informations données au spectateur sur l'action en cours.
- Définir le cadre spatio-temporel de cette scène.

La révélation d'un secret tragique

- Relever les indices du trouble d'Agamemnon lors de son entrée en scène.
- Observer comment l'oracle est formulé.

Réflexion

L'entrée en scène d'Agamemnon

- Analyser l'image qu'Arcas donne de la condition d'Agamemnon.
- Analyser l'image qu'Agamemnon donne de lui-même dans la suite de la scène.

Mensonges et stratagèmes

- Analyser l'attitude qu'adopte Agamemnon face aux différents personnages qu'il mentionne.
- Interpréter les moyens d'action choisis par Agamemnon.

> ### À *retenir*
> *Une exposition de théâtre, parce qu'elle est située au début de la pièce, a pour fonction de présenter l'action et les personnages au public. Elle doit fournir les éléments nécessaires à la compréhension de la situation initiale (protagonistes, époque, lieux, données de l'intrigue). Mais elle doit le faire de manière progressive, naturelle et efficace.*

Clefs d'analyse

Scène 2 AGAMEMNON, ACHILLE, ULYSSE.

AGAMEMNON

Quoi ! Seigneur, se peut-il que d'un cours[1] si rapide
La victoire vous ait ramené dans l'Aulide ?
D'un courage naissant sont-ce là les essais ?
Quels triomphes suivront de si nobles succès !
165 La Thessalie entière, ou vaincue, ou calmée,
Lesbos même conquise en attendant l'armée,
De toute autre valeur éternels monuments[2],
Ne sont d'Achille oisif que les amusements.

ACHILLE

Seigneur, honorez moins une faible conquête ;
170 Et que puisse bientôt le ciel qui nous arrête
Ouvrir un champ plus noble à ce cœur excité
Par le prix glorieux[3] dont vous l'avez flatté !
Mais cependant, Seigneur, que faut-il que je croie
D'un bruit qui me surprend et me comble de joie ?
175 Daignez-vous avancer le succès[4] de mes vœux ?
Et bientôt des mortels suis-je le plus heureux ?
On dit qu'Iphigénie, en ces lieux amenée,
Doit bientôt à son sort unir ma destinée.

AGAMEMNON

Ma fille ? Qui vous dit qu'on la doit amener ?

ACHILLE

180 Seigneur, qu'a donc ce bruit qui vous doive étonner ?

AGAMEMNON, *à Ulysse.*

Juste ciel ! saurait-il mon funeste artifice ?

---

1. **Cours :** mouvement.
2. **Monuments :** témoignages.
3. **Le prix glorieux :** désigne son mariage avec Iphigénie.
4. **Succès :** aboutissement.

ULYSSE

Seigneur, Agamemnon s'étonne avec justice.
Songez-vous aux malheurs qui nous menacent tous ?
Ô ciel ! pour un hymen quel temps choisissez-vous ?
185 Tandis qu'à nos vaisseaux la mer toujours fermée[1]
Trouble toute la Grèce et consume[2] l'armée,
Tandis que pour fléchir l'inclémence[3] des dieux,
Il faut du sang peut-être, et du plus précieux,
Achille seul, Achille à son amour s'applique ?
190 Voudrait-il insulter à[4] la crainte publique,
Et que le chef des Grecs, irritant[5] les destins[6],
Préparât d'un hymen la pompe[7] et les festins ?
Ah ! Seigneur, est-ce ainsi que votre âme attendrie
Plaint le malheur des Grecs et chérit la patrie ?

ACHILLE

195 Dans les champs phrygiens[8] les effets feront foi[9]
Qui la chérit le plus, ou d'Ulysse ou de moi ;
Jusque-là je vous laisse étaler votre zèle ;
Vous pouvez à loisir faire des vœux pour elle.
Remplissez les autels d'offrandes et de sang ;
200 Des victimes vous-même interrogez le flanc[10] ;
Du silence des vents demandez-leur la cause ;
Mais moi, qui de ce soin sur Calchas me repose,
Souffrez[11], Seigneur, souffrez que je coure hâter
Un hymen dont les dieux ne sauraient s'irriter.
205 Transporté d'une ardeur qui ne peut être oisive,

---

1. **Fermée :** interdite.
2. **Consume :** inquiète.
3. **Inclémence :** absence de pitié.
4. **Insulter à :** défier.
5. **Irritant :** attirant la colère de.
6. **Les destins :** puissances supérieures.
7. **La pompe :** le faste.
8. **Phrygiens :** Troie se trouve en Phrygie, partie d'Asie Mineure.
9. **Feront foi :** donneront une preuve.
10. **Flanc :** les devins examinaient les entrailles pour deviner l'avenir.
11. **Souffrez :** acceptez.

Je rejoindrai bientôt les Grecs sur cette rive.
J'aurais trop de regret si quelque autre guerrier
Au rivage troyen descendait le premier.

AGAMEMNON

Ô ciel ! pourquoi faut-il que ta secrète envie[1]
210 Ferme à de tels héros le chemin de l'Asie ?
N'aurai-je vu briller cette noble chaleur[2]
Que pour m'en retourner avec plus de douleur ?

ULYSSE

Dieux ! qu'est-ce que j'entends ?

ACHILLE

             Seigneur, qu'osez-vous dire ?

AGAMEMNON

Qu'il faut, princes, qu'il faut que chacun se retire ;
215 Que d'un crédule espoir trop longtemps abusés,
Nous attendons les vents qui nous sont refusés.
Le ciel protège Troie ; et par trop de présages
Son courroux nous défend d'en chercher les passages[3].

ACHILLE

Quels présages affreux nous marquent son courroux ?

AGAMEMNON

220 Vous-même consultez ce qu'il prédit de vous.
Que sert de se flatter[4] ? On sait qu'à votre tête
Les dieux ont d'Ilion attaché[5] la conquête ;
Mais on sait que, pour prix d'un triomphe si beau,
Ils ont aux champs troyens marqué[6] votre tombeau[7],
225 Que votre vie, ailleurs et longue et fortunée,
Devant Troie en sa fleur doit être moissonnée.

---

1. **Envie :** jalousie.
2. **Chaleur :** zèle.
3. **Passages :** voies d'accès.
4. **Se flatter :** se faire des illusions.
5. **Attaché :** fait un lien entre.
6. **Marqué :** prévu.
7. **Tombeau :** les oracles ont annoncé qu'Achille, après bien des exploits, mourrait lors du siège de Troie.

ACHILLE

Ainsi pour vous venger tant de rois assemblés
D'un opprobre[1] éternel retourneront comblés ;
Et Pâris, couronnant[2] son insolente flamme,
230   Retiendra sans péril la sœur de votre femme[3] !

AGAMEMNON

Hé quoi ! votre valeur, qui nous a devancés,
N'a-t-elle pas pris soin de nous venger assez ?
Les malheurs de Lesbos, par vos mains ravagée,
Épouvantent encor toute la mer Égée ;
235   Troie en a vu la flamme. Et jusque dans ses ports,
Les flots en ont poussé le débris et les morts.
Que dis-je ? les Troyens pleurent une autre Hélène[4]
Que vous avez captive envoyée à Mycène.
Car, je n'en doute point, cette jeune beauté
240   Garde en vain un secret que trahit[5] sa fierté ;
Et son silence même, accusant[6] sa noblesse,
Nous dit qu'elle nous cache une illustre princesse.

ACHILLE

Non, non, tous ces détours sont trop ingénieux.
Vous lisez de trop loin dans les secrets des dieux.
245   Moi, je m'arrêterais à de vaines menaces ?
Et je fuirais l'honneur qui m'attend sur vos traces ?
Les Parques à ma mère[7], il est vrai, l'ont prédit,
Lorsqu'un époux mortel[8] fut reçu dans son lit :
Je puis choisir, dit-on, ou beaucoup d'ans sans gloire,
250   Ou peu de jours suivis d'une longue mémoire[9].

---

1. **Opprobre :** honte (les rois grecs seront couverts de honte s'ils ne se vengent pas).
2. **Couronnant :** faisant triompher.
3. **La sœur de votre femme :** il s'agit d'Hélène, demi-sœur de Clytemnestre, qui a été enlevé par le Troyen Pâris.
4. **Une autre Hélène :** Ériphile, enlevée par Achille à Lesbos.
5. **Trahit :** laisse deviner.
6. **Accusant :** témoignant de.
7. **À ma mère :** la mère d'Achille est Thétis, déesse de la Mer.
8. **Un époux mortel :** le roi Pelée.
9. **Mémoire :** renommée.

Mais puisqu'il faut enfin[1] que j'arrive au tombeau,
Voudrais-je, de la terre inutile fardeau,
Trop avare d'un sang reçu d'une déesse,
Attendre chez mon père une obscure[2] vieillesse,
255   Et, toujours de la gloire évitant le sentier,
Ne laisser aucun nom et mourir tout entier ?
Ah ! ne nous formons point ces indignes obstacles ;
L'honneur parle, il suffit : ce sont là nos oracles.
Les dieux sont de nos jours les maîtres souverains,
260   Mais, Seigneur, notre gloire est dans nos propres mains.
Pourquoi nous tourmenter de leurs ordres suprêmes ?
Ne songeons qu'à nous rendre immortels comme eux-mêmes,
Et laissant faire au sort[3], courons où la valeur
Nous promet un destin aussi grand que le leur.
265   C'est à Troie, et j'y cours ; et quoi qu'on me prédise,
Je ne demande aux dieux qu'un vent qui m'y conduise ;
Et quand moi seul enfin il faudrait l'assiéger,
Patrocle et moi, Seigneur, nous irons vous venger.
Mais non, c'est en vos mains que le destin la livre.
270   Je n'aspire en effet[4] qu'à l'honneur de vous suivre.
Je ne vous presse plus d'approuver les transports
D'un amour qui m'allait éloigner de ces bords :
Ce même amour, soigneux[5] de votre renommée,
Veut qu'ici mon exemple encourage l'armée,
275   Et me défend surtout de vous abandonner
Aux timides[6] conseils qu'on ose vous donner.

---

1. **Enfin :** à la fin.
2. **Obscure :** sans gloire.
3. **Au sort :** le sort.
4. **En effet :** en réalité.
5. **Soigneux :** qui prend soin.
6. **Timides :** timorés.

Scène 3 AGAMEMNON, ULYSSE.

ULYSSE

Seigneur, vous entendez : quelque prix qu'il en coûte,
Il veut voler à Troie et poursuivre sa route.
Nous craignions son amour, et lui-même aujourd'hui
280 Par une heureuse[1] erreur nous arme[2] contre lui.

AGAMEMNON

Hélas !

ULYSSE

De ce soupir que faut-il que j'augure[3] ?
Du sang qui se révolte est-ce quelque murmure ?
Croirai-je qu'une nuit a pu vous ébranler ?
Est-ce donc votre cœur qui vient de nous parler ?
285 Songez-y : vous devez votre fille à la Grèce,
Vous nous l'avez promise ; et sur cette promesse,
Calchas, par tous les Grecs consulté chaque jour,
Leur a prédit des vents l'infaillible retour.
À ses prédictions si l'effet est contraire,
290 Pensez-vous que Calchas continue à se taire ;
Que ses plaintes, qu'en vain vous voudrez apaiser,
Laissent mentir les dieux sans vous en accuser ?
Et qui sait ce qu'aux Grecs, frustrés de leur victime,
Peut permettre un courroux qu'ils croiront légitime ?
295 Gardez-vous de réduire[4] un peuple furieux,
Seigneur, à prononcer entre vous et les dieux.
N'est-ce pas vous enfin de qui la voix pressante
Nous a tous appelés aux campagnes du Xanthe[5],
Et qui de ville en ville attestiez les serments
300 Que d'Hélène autrefois firent tous les amants[6].

---

1. **Heureuse :** favorable.
2. **Arme :** donne des arguments.
3. **Que j'augure :** que je prévoie.
4. **Réduire :** contraindre.
5. **Xanthe :** fleuve qui coule dans la région de Troie.
6. **Les amants :** les prétendants, dont le serment est expliqué ensuite.

Quand presque tous les Grecs, rivaux de votre frère,
La demandaient en foule à Tyndare son père ?
De quelque heureux époux que l'on dût faire choix,
Nous jurâmes dès lors de défendre ses droits ;
305 Et si quelque insolent lui volait sa conquête,
Nos mains du ravisseur lui promirent la tête.
Mais sans vous, ce serment que l'amour a dicté,
Libres de cet amour, l'aurions-nous respecté ?
Vous seul, nous arrachant à de nouvelles flammes[1],
310 Nous avez fait laisser nos enfants et nos femmes.
Et quand, de toutes parts assemblés en ces lieux,
L'honneur de vous venger brille seul à nos yeux,
Quand la Grèce déjà vous donnant son suffrage,
Vous reconnaît l'auteur de ce fameux ouvrage[2],
315 Que ses rois qui pouvaient vous disputer ce rang
Sont prêts, pour vous servir, de[3] verser tout leur sang ;
Le seul Agamemnon, refusant la victoire,
N'ose d'un peu de sang acheter tant de gloire ?
Et dès le premier pas se laissant effrayer,
320 Ne commande les Grecs que pour les renvoyer ?

AGAMEMNON
Ah ! Seigneur ! qu'éloigné du malheur qui m'opprime[4],
Votre cœur aisément se montre magnanime[5] !
Mais que si[6] vous voyiez, ceint du bandeau mortel,
Votre fils Télémaque approcher de l'autel,
325 Nous vous verrions, troublé de cette affreuse image,
Changer bientôt en pleurs ce superbe[7] langage,
Éprouver la douleur que j'éprouve aujourd'hui,
Et courir vous jeter entre Calchas et lui !
Seigneur, vous le savez, j'ai donné ma parole,

---

1. **Flammes :** amours.
2. **Ce fameux ouvrage :** la coalition contre Troie.
3. **Prêts [...] de :** prêts à.
4. **M'opprime :** m'accable.
5. **Magnanime :** généreux, plein de grandeur d'âme.
6. **Que si :** si.
7. **Superbe :** généreux.

330 Et si ma fille vient, je consens qu'on l'immole.
Mais malgré tous mes soins, si son heureux destin
La retient dans Argos, ou l'arrête en chemin,
Souffrez que sans presser ce barbare spectacle,
En faveur de mon sang j'explique[1] cet obstacle,
335 Que j'ose pour ma fille accepter le secours
De quelque dieu plus doux qui veille sur ses jours.
Vos conseils sur mon cœur n'ont eu que trop d'empire,
Et je rougis...

Scène 4 AGAMEMNON, ULYSSE, EURYBATE.

EURYBATE
Seigneur...

AGAMEMNON
Ah ! que vient-on me dire ?

EURYBATE
La reine, dont ma course a devancé les pas,
340 Va remettre bientôt sa fille entre vos bras.
Elle approche. Elle s'est quelque temps égarée
Dans ces bois qui du camp semblent cacher l'entrée.
À peine[2] nous avons, dans leur obscurité,
Retrouvé le chemin que nous avions quitté.

AGAMEMNON
345 Ciel !

EURYBATE
Elle amène aussi cette jeune Ériphile,
Que Lesbos a livrée entre les mains d'Achille,

---

1. **J'explique :** j'interprète.
2. **À peine :** avec peine.

41

Et qui de son destin qu'elle ne connaît pas,
Vient, dit-elle, en Aulide interroger Calchas.
Déjà de leur abord[1] la nouvelle est semée,
350 Et déjà de soldats une foule charmée[2],
Surtout d'Iphigénie admirant la beauté,
Pousse au ciel mille vœux pour sa félicité.
Les uns avec respect environnaient la reine ;
D'autres me demandaient le sujet qui l'amène.
355 Mais tous ils confessaient[3] que si jamais les dieux
Ne mirent sur le trône un roi plus glorieux,
Également comblé de leurs faveurs secrètes,
Jamais père ne fut plus heureux que vous l'êtes.

AGAMEMNON

Eurybate, il suffit. Vous pouvez nous laisser.
360 Le reste me regarde, et je vais y penser.

Scène 5 AGAMEMNON, ULYSSE.

AGAMEMNON

Juste ciel, c'est ainsi qu'assurant ta vengeance,
Tu romps tous les ressorts[4] de ma vaine prudence !
Encor si je pouvais, libre dans mon malheur,
Par des larmes au moins soulager ma douleur !
365 Triste destin des rois ! Esclaves que nous sommes
Et des rigueurs du sort et des discours des hommes,
Nous nous voyons sans cesse assiégés de[5] témoins,
Et les plus malheureux osent pleurer le moins.

---

1. **Leur abord :** leur arrivée.
2. **Charmée :** captivée.
3. **Ils confessaient :** ils reconnaissaient.
4. **Ressorts :** manœuvres.
5. **Assiégés de :** importunés par.

.... DE SOLDAT... UNE FOULE CHARMÉE,
SUR-TOUT D'IPHIGÉNIE ADMIRANT LA BEAUTÉ,
POUSSE AU CIEL MILLE VŒUX POUR SA FÉLICITÉ.

IPHIGÉNIE.   ACTE I,   SCÈNE IV.

Gravure illustrant l'acte I, scène 4, XIXe.

ULYSSE

Je suis père, Seigneur. Et faible comme un autre,
370   Mon cœur se met sans peine en la place du vôtre,
Et frémissant du coup qui vous fait soupirer[1],
Loin de blâmer vos pleurs, je suis prêt de pleurer.
Mais votre amour n'a plus d'excuse légitime ;
Les dieux ont à Calchas amené leur victime ;
375   Il le sait, il l'attend, et, s'il la voit tarder,
Lui-même à haute voix viendra la demander.
Nous sommes seuls encor : hâtez-vous de répandre
Des pleurs que vous arrache un intérêt[2] si tendre.
Pleurez ce sang, pleurez ; ou plutôt, sans pâlir,
380   Considérez l'honneur qui doit en rejaillir.
Voyez[3] tout l'Hellespont blanchissant sous nos rames,
Et la perfide Troie abandonnée aux flammes,
Ses peuples dans vos fers, Priam à vos genoux,
Hélène par vos mains rendue à son époux.
385   Voyez de vos vaisseaux les poupes couronnées[4]
Dans cette même Aulide avec vous retournées,
Et ce triomphe heureux qui s'en va devenir
L'éternel entretien[5] des siècles à venir.

AGAMEMNON

Seigneur, de mes efforts je connais[6] l'impuissance.
390   Je cède et laisse aux dieux opprimer l'innocence.
La victime bientôt marchera sur vos pas,
Allez. Mais cependant[7] faites taire Calchas ;
Et m'aidant à cacher ce funeste mystère,
Laissez-moi de l'autel écarter une mère.

---

1. **Soupirer :** éprouver de la peine.
2. **Intérêt :** attachement.
3. **Voyez :** imaginez.
4. **Couronnées :** décorées de couronnes de fleurs, qui symbolisent la victoire.
5. **Entretien :** sujet de réflexion.
6. **Je connais :** je reconnais.
7. **Cependant :** pendant ce temps.

Clefs d'analyse

Compréhension

▌ *Un dialogue entre Ulysse et Agamemnon*

• Chercher les renseignements que possède déjà le spectateur sur Ulysse.

• Définir l'attitude d'Ulysse à l'égard d'Agamemnon.

▌ *Une scène qui relance l'intérêt dramatique*

• Observer l'organisation de ce dialogue.

• Définir la façon dont il se termine.

Réflexion

▌ *L'argumentation implacable d'Ulysse*

• Dégager le plan de la tirade d'Ulysse.

• Expliquer les arguments qu'il avance pour combattre les hésitations d'Agamemnon.

▌ *La stratégie de défense d'Agamemnon*

• Analyser les moyens par lesquels Agamemnon tente d'émouvoir Ulysse.

• Interpréter la solution que propose Agamemnon.

> ### À retenir
> *La tragédie classique présente au public une situation inextricable et fatale (au sens étymologique : en latin,* fatum *signifie le destin). Écartelé entre des exigences inconciliables, le héros est avant tout une victime du conflit tragique, dans la mesure où il se voit confronté à des forces qui le dépassent, qu'elles lui soient extérieures (volonté des dieux, pression de l'armée) ou intérieures (conscience du devoir religieux, ambition politique, tendresse paternelle).*

Clefs d'analyse

Synthèse Acte I

L'efficacité dramatique de l'acte d'exposition

Personnages

Un système des personnages dominé par la figure complexe d'Agamemnon

L'acte d'exposition est très dynamique dans la mesure où le spectateur voit sans cesse le sort d'Iphigénie changer, au gré des tergiversations d'Agamemnon. Le « roi des rois » est en effet un personnage déchiré, oscillant entre son ambition politique et son amour paternel : tantôt résolu à accomplir la volonté des dieux, tantôt décidé à sauver sa fille, il est bien un personnage tragique, une victime sur laquelle le sort s'acharne. Les revirements d'Agamemnon ne manquent pas de surprendre le spectateur, qui ne s'attend pas à ce qu'un homme aussi orgueilleux et assoiffé de pouvoir soit à ce point hésitant et influençable.

Ainsi peut-on résumer l'acte en fonction du sort qu'Agamemnon semble réserver à Iphigénie. À la scène 1, elle paraît successivement condamnée puis sauvée, grâce à la mission d'Arcas. À la scène 2, au contraire, les interventions d'Ulysse et d'Achille incitant Agamemnon à partir en guerre semblent condamner Iphigénie. Dans la scène 3, face aux arguments d'Ulysse, Agamemnon conserve pourtant l'espoir de sauver sa fille. Mais l'annonce de l'arrivée d'Iphigénie au camp grec, à la scène 4, signifie qu'elle est perdue – destin que confirme Ulysse et que finit par accepter Agamemnon à la scène 5.

Langage

Le caractère épique du récit d'exposition

L'évocation des navires qui s'apprêtent à partir à Troie constitue l'arrière-plan de toute la pièce (v. 26-28). Il n'est donc pas étonnant que le récit d'exposition, qui est essentiellement pris en charge par Agamemnon, possède une dimension épique. Le registre épique, qui met généralement en scène le destin de tout un peuple ainsi que des héros dotés de qualités surhumaines, se reconnaît à l'utilisation systématique de l'hyperbole, qui grossit la réalité.

Ainsi, le récit que fait Agamemnon du départ de l'armée grecque pour Troie (v. 43-46) emploie tous les procédés stylistiques
caractéristiques de la tonalité épique : description d'une action
collective extraordinaire engageant toute une patrie, omniprésence
de la première personne du pluriel, utilisation de l'anaphore et de
l'hyperbole. La dimension épique est renforcée par le registre du
merveilleux, qui est sensible dans l'allusion à la volonté des dieux
(v. 51-52). En outre, l'évocation d'Achille (v. 107-110) en fait un
héros épique, sa rapidité hors du commun étant rendue encore plus
frappante par des procédés aussi typiques de l'épopée que l'exagé-
ration et la simplification.

Société

> *Le goût des contemporains de Racine pour le thème*
> *du pouvoir royal*

Dès le début de la pièce, Agamemnon avoue souffrir de sa condition
royale (v. 10-13) ; à la fin de l'acte I, il résume ainsi sa situation :
« Triste destin des rois ! Esclaves que nous sommes/Et des rigueurs
du sort et des discours des hommes ». Ce genre de réflexion sur la
condition paradoxale des chefs d'État – entre toute-puissance et
liberté surveillée – est tout particulièrement propre à séduire les
contemporains de Racine. D'une part, ils aiment être émus par les
dilemmes occasionnés par l'exercice du pouvoir, à tel point que
la plupart des tragédies de l'époque reposent sur le conflit entre
l'amour et la raison d'État. D'autre part, les sujets de Louis XIV, qui
assistent à la mise en place de la monarchie absolue, sont particulièrement sensibles au thème du sacrifice d'un individu au service de
l'unité de la nation et du renforcement du pouvoir.

Synthèse

ACTE II

Scène 1 Ériphile, Doris.

ÉRIPHILE

395 Ne les contraignons point[1], Doris, retirons-nous.
Laissons-les dans les bras d'un père et d'un époux,
Et tandis qu'à l'envi[2] leur amour se déploie,
Mettons en liberté ma tristesse et leur joie.

DORIS

Quoi, Madame ! toujours irritant[3] vos douleurs,
400 Croirez-vous ne plus voir que des sujets de pleurs ?
Je sais que tout déplaît aux yeux d'une captive,
Qu'il n'est point dans les fers[4] de plaisir qui la suive,
Mais dans le temps fatal que[5], repassant les flots,
Nous suivions malgré nous le vainqueur de Lesbos,
405 Lorsque dans son vaisseau, prisonnière timide,
Vous voyiez devant vous ce vainqueur homicide[6],
Le dirai-je ? vos yeux, de larmes moins trempés,
À pleurer vos malheurs étaient moins occupés.
Maintenant tout vous rit[7] : l'aimable Iphigénie
410 D'une amitié sincère avec vous est unie ;
Elle vous plaint, vous voit avec des yeux de sœur,
Et vous seriez dans Troie avec moins de douceur.
Vous vouliez voir l'Aulide où son père l'appelle,
Et l'Aulide vous voit arriver avec elle.

---

1. **Ne les contraignons point :** ne les gênons pas.
2. **À l'envi :** tant qu'ils le veulent.
3. **Irritant :** attisant.
4. **Les fers :** les chaînes, symbole de la captivité.
5. **Le temps fatal que :** le temps fatal où.
6. **Homicide :** Achille est un guerrier, qui tue ses adversaires au combat.
7. **Tout vous rit :** tout vous est favorable.

415 Cependant, par un sort que je ne conçois pas[1],
Votre douleur redouble et croît à chaque pas.

ÉRIPHILE

Hé quoi ! te semble-t-il que la triste Ériphile
Doive être de leur joie un témoin si tranquille ?
Crois-tu que mes chagrins doivent s'évanouir
420 À l'aspect d'un bonheur dont je ne puis jouir ?
Je vois Iphigénie entre les bras d'un père,
Elle fait tout l'orgueil d'une superbe[2] mère ;
Et moi, toujours en butte à de nouveaux dangers,
Remise dès l'enfance en des bras étrangers,
425 Je reçus et je vois le jour que je respire,
Sans que père ni mère ait daigné me sourire.
J'ignore qui je suis. Et, pour comble d'horreur,
Un oracle effrayant m'attache à mon erreur[3],
Et quand je veux chercher le sang qui m'a fait naître,
430 Me dit que sans périr je ne me puis connaître[4].

DORIS

Non, non, jusques au bout vous devez le chercher.
Un oracle toujours se plaît à se cacher,
Toujours avec un sens il en présente un autre.
En perdant un faux nom vous reprendrez le vôtre.
435 C'est là tout le danger que vous pouvez courir,
Et c'est peut-être ainsi que vous devez périr.
Songez que votre nom fut changé dès l'enfance.

ÉRIPHILE

Je n'ai de tout mon sort que cette connaissance ;
Et ton père, du reste infortuné témoin,
440 Ne me permit jamais de pénétrer plus loin[5].
Hélas ! dans cette Troie où j'étais attendue,
Ma gloire, disait-il, m'allait être rendue ;

---

1. **Je ne conçois pas :** je ne comprends pas.
2. **Superbe :** pleine de fierté.
3. **Erreur :** ignorance.
4. **Me [...] connaître :** savoir mon identité.
5. **Pénétrer plus loin :** en savoir plus.

J'allais, en reprenant et mon nom et mon rang,
Des plus grands rois en moi reconnaître le sang.
445 Déjà je découvrais[1] cette fameuse ville.
Le ciel mène à Lesbos l'impitoyable Achille :
Tout cède, tout ressent ses funestes efforts ;
Ton père, enseveli dans la foule des morts,
Me laisse dans les fers à moi-même inconnue ;
450 Et de tant de grandeurs dont j'étais prévenue[2],
Vile esclave des Grecs, je n'ai pu conserver
Que la fierté d'un sang que je ne puis prouver.

DORIS

Ah ! que perdant, Madame, un témoin si fidèle,
La main qui vous l'ôta vous doit sembler cruelle !
455 Mais Calchas est ici, Calchas si renommé,
Qui des secrets des dieux fut toujours informé.
Le ciel souvent lui parle : instruit par un tel maître,
Il sait tout ce qui fut et tout ce qui doit être.
Pourrait-il de vos jours ignorer les auteurs ?
460 Ce camp même est pour vous tout plein de protecteurs.
Bientôt Iphigénie, en épousant Achille,
Vous va sous son appui présenter un asile.
Elle vous l'a promis et juré devant moi.
Ce gage est le premier qu'elle attend de sa foi.

ÉRIPHILE

465 Que dirais-tu, Doris, si passant[3] tout le reste,
Cet hymen de mes maux était le plus funeste ?

DORIS

Quoi, Madame ?

ÉRIPHILE

Tu vois avec étonnement
Que ma douleur ne souffre[4] aucun soulagement.
Écoute. Et tu te vas étonner que je vive.

---

1. **Découvrais :** voyais.
2. **Prévenue :** auxquelles je m'attendais.
3. **Passant :** dépassant.
4. **Ne souffre :** ne reçoit.

470 C'est peu d'être étrangère, inconnue et captive :
Ce destructeur fatal des tristes[1] Lesbiens,
Cet Achille, l'auteur de tes maux et des miens,
Dont la sanglante main m'enleva prisonnière,
Qui m'arracha d'un coup ma naissance[2] et ton père,
475 De qui, jusques au nom, tout doit m'être odieux,
Est de tous les mortels le plus cher à mes yeux.

DORIS

Ah ! que me dites-vous !

ÉRIPHILE

Je me flattais sans cesse
Qu'un silence éternel cacherait ma faiblesse ;
Mais mon cœur trop pressé[3] m'arrache ce discours,
480 Et te parle une fois, pour se taire toujours.
Ne me demande point sur quel espoir fondée
De ce fatal amour je me vis possédée[4].
Je n'en accuse point quelques feintes douleurs
Dont je crus voir Achille honorer[5] mes malheurs.
485 Le ciel s'est fait, sans doute, une joie inhumaine
À rassembler sur moi tous les traits de sa haine.
Rappellerai-je encor le souvenir affreux
Du jour qui dans les fers nous jeta toutes deux ?
Dans les cruelles mains par qui je fus ravie[6]
490 Je demeurai longtemps sans lumière et sans vie[7].
Enfin mes tristes yeux cherchèrent la clarté ;
Et me voyant presser d'un bras ensanglanté,
Je frémissais, Doris, et d'un vainqueur sauvage
Craignais de rencontrer l'effroyable visage.

---

1. **Tristes :** malheureux.
2. **Ma naissance :** la connaissance de mes origines.
3. **Pressé :** étreint par la douleur.
4. **Possédée :** sous l'emprise de.
5. **Honorer :** manifester de l'attention.
6. **Ravie :** enlevée.
7. **Sans vie :** ayant perdu connaissance.

495 J'entrai dans son vaisseau, détestant[1] sa fureur,
   Et toujours détournant ma vue avec horreur.
   Je le vis : son aspect n'avait rien de farouche ;
   Je sentis le reproche expirer dans ma bouche,
   Je sentis contre moi mon cœur se déclarer,
500 J'oubliai ma colère, et ne sus que pleurer.
   Je me laissai conduire à[2] cet aimable guide.
   Je l'aimais à Lesbos, et je l'aime en Aulide.
   Iphigénie en vain s'offre à me protéger
   Et me tend une main prompte à[3] me soulager :
505 Triste effet des fureurs dont je suis tourmentée !
   Je n'accepte la main qu'elle m'a présentée
   Que pour m'armer contre elle, et sans me découvrir,
   Traverser[4] son bonheur que je ne puis souffrir.

DORIS

   Et que pourrait contre elle une impuissante haine ?
510 Ne valait-il pas mieux, renfermée à Mycène,
   Éviter les tourments que vous venez chercher,
   Et combattre des feux contraints de se cacher ?

ÉRIPHILE

   Je le voulais, Doris. Mais quelque triste image
   Que sa gloire à mes yeux montrât sur ce rivage,
515 Au sort qui me traînait il fallut consentir :
   Une secrète voix m'ordonna de partir,
   Me dit qu'offrant ici ma présence importune,
   Peut-être j'y pourrais porter mon infortune[5] ;
   Que peut-être approchant[6] ces amants trop heureux,
520 Quelqu'un de mes malheurs se répandrait sur eux.
   Voilà ce qui m'amène, et non l'impatience
   D'apprendre à qui je dois une triste naissance.

---

1. **Détestant :** maudissant.
2. **Conduire à :** conduire par.
3. **Prompte à :** qui se hâte de.
4. **Traverser :** semer d'embûches.
5. **Porter mon infortune :** répandre le malheur dont je suis victime.
6. **Approchant :** si j'approche.

Ou plutôt leur hymen me servira de loi.
S'il s'achève, il suffit[1] : tout est fini pour moi.
525   Je périrai, Doris, et par une mort prompte,
Dans la nuit du tombeau j'enfermerai ma honte,
Sans chercher des parents si longtemps ignorés,
Et que ma folle amour[2] a trop déshonorés.

DORIS

Que je vous plains, Madame ! et que la tyrannie...

ÉRIPHILE

530   Tu vois Agamemnon avec Iphigénie.

---

1. **Il suffit :** c'en est assez.
2. **Ma folle amour :** au XVIIe siècle, le mot « amour » peut être employé au féminin ou au masculin.

Clefs d'analyse

Compréhension

L'entrée en scène d'Ériphile

- Définir l'image première qui est donnée d'Ériphile.
- Observer la fonction des interventions de Doris.

Les révélations faites au spectateur

- Relever les trois informations données au spectateur sur la situation d'Ériphile.
- Chercher comment se manifestent les réticences d'Ériphile à raconter son enlèvement.

Réflexion

Le récit d'un enlèvement

- Analyser les deux mouvements de ce récit.
- Interpréter les figures de style qui atténuent l'intensité du récit.

Une héroïne tragique

- Analyser les images suggérant l'emprise et l'enfermement.
- Expliquer en quoi Ériphile apparaît comme un personnage tragique.

À retenir

Dans les pièces de Racine, l'amour passionnel (celui d'Ériphile pour Achille) s'oppose fortement à l'amour pur (celui qui unit Iphigénie et Achille). D'un côté, l'amour pur s'inscrit dans la durée, est légitimé par les parents et est partagé. De l'autre, l'amour-passion naît de façon soudaine, est illégitime – que ce soit pour des raisons morales ou politiques – et n'est pas réciproque, ce qui entraîne une jalousie tellement dévastatrice que seule la mort constitue une issue.

Scène 2 AGAMEMNON, IPHIGÉNIE, ÉRIPHILE, DORIS.

IPHIGÉNIE

Seigneur, où courez-vous ? et quels empressements[1]
Vous dérobent sitôt à nos embrassements ?
À qui dois-je imputer cette fuite soudaine ?
Mon respect a fait place aux[2] transports de la reine.
535 Un moment à mon tour ne vous puis-je arrêter ;
Et ma joie à vos yeux n'ose-t-elle[3] éclater ?
Ne puis-je...

AGAMEMNON

Hé bien ! ma fille, embrassez votre père,
Il vous aime toujours.

IPHIGÉNIE

Que cette amour m'est chère !
Quel plaisir de vous voir et de vous contempler
540 Dans ce nouvel éclat dont je vous vois briller !
Quels honneurs ! quel pouvoir ! Déjà la renommée[4]
Par d'étonnants récits m'en avait informée ;
Mais que, voyant de près ce spectacle charmant[5],
Je sens croître ma joie et mon étonnement !
545 Dieux ! avec quel amour la Grèce vous révère !
Quel bonheur de me voir la fille d'un tel père !

AGAMEMNON

Vous méritiez, ma fille, un père plus heureux.

IPHIGÉNIE

Quelle félicité peut manquer à vos vœux ?
À de plus grands honneurs un roi peut-il prétendre ?
550 J'ai cru n'avoir au ciel que des grâces à rendre.

---

1. **Empressements :** action de se dépêcher.
2. **A fait place aux :** a laissé la place aux.
3. **N'ose-t-elle :** n'a-t-elle pas le droit.
4. **La renommée :** la rumeur publique.
5. **Charmant :** enchanteur.

AGAMEMNON, *à part.*
Grands dieux ! à son malheur dois-je la préparer ?

IPHIGÉNIE
Vous vous cachez, Seigneur, et semblez soupirer ;
Tous vos regards sur moi ne tombent qu'avec peine.
Avons-nous sans votre ordre abandonné Mycène ?

AGAMEMNON
555   Ma fille, je vous vois toujours des mêmes yeux ;
Mais les temps sont changés, aussi bien que les lieux.
D'un soin[1] cruel ma joie est ici combattue.

IPHIGÉNIE
Hé ! mon père, oubliez votre rang à ma vue.
Je prévois la rigueur d'un long éloignement.
560   N'osez-vous sans rougir être père un moment ?
Vous n'avez devant vous qu'une jeune princesse
À qui j'avais pour moi vanté votre tendresse.
Cent fois lui promettant mes soins, votre bonté,
J'ai fait gloire[2] à ses yeux de ma félicité.
565   Que va-t-elle penser de votre indifférence ?
Ai-je flatté ses vœux d'une fausse espérance ?
N'éclaircirez-vous point ce front chargé d'ennuis[3] ?

AGAMEMNON
Ah ! ma fille !

IPHIGÉNIE
Seigneur, poursuivez.

AGAMEMNON
Je ne puis.

IPHIGÉNIE
Périsse le Troyen auteur de nos alarmes !

AGAMEMNON
570   Sa perte à ses vainqueurs coûtera bien des larmes.

---

1. **Soin :** souci.
2. **J'ai fait gloire :** je me suis vanté.
3. **Ennuis :** tourments.

IPHIGÉNIE

Les dieux daignent surtout prendre soin de vos jours !

AGAMEMNON

Les dieux depuis un temps me sont cruels et sourds.

IPHIGÉNIE

Calchas, dit-on, prépare un pompeux[1] sacrifice.

AGAMEMNON

Puissé-je auparavant fléchir leur injustice !

IPHIGÉNIE

575 L'offrira-t-on bientôt ?

AGAMEMNON

Plus tôt que je ne veux.

IPHIGÉNIE

Me sera-t-il permis de me joindre à vos vœux ?
Verra-t-on à l'autel votre heureuse famille ?

AGAMEMNON

Hélas !

IPHIGÉNIE

Vous vous taisez !

AGAMEMNON

Vous y serez, ma fille.

Adieu.

---

1. **Pompeux :** plein de faste et de solennité.

Gravure illustrant l'acte II, scène 2, XIXe.

Clefs d'analyse

Compréhension

La surprise et l'inquiétude d'Iphigénie face à la froideur de son père

- Observer comment les paroles initiales d'Iphigénie visent à retenir Agamemnon.
- Montrer qu'Iphigénie s'efforce de relancer sans cesse le dialogue.

L'échec du dialogue

- Observer la progression du dialogue.
- Commenter l'effet produit par le changement de rythme des répliques.

Réflexion

Innocence et culpabilité

- Analyser le registre qu'utilise Iphigénie pour exprimer son amour filial.
- Interpréter le contraste entre les premières répliques d'Iphigénie et celles d'Agamemnon.

L'ironie tragique

- Analyser le double sens des paroles que prononce Iphigénie.
- Analyser les répliques d'Agamemnon qui déploient un double langage.

> ### À retenir
>
> Le texte théâtral se caractérise par la double énonciation : sur scène, les personnages dialoguent comme s'il n'y avait pas de public, mais leurs paroles s'adressent en fait au spectateur. À travers le discours de ses personnages, l'auteur s'adresse à son public et peut ainsi établir entre eux une certaine connivence. La double énonciation rend possible l'ironie tragique, qui réside dans le décalage entre l'ignorance du héros qui ne discerne pas la menace qui pèse sur lui et les informations dont dispose le spectateur.

Clefs d'analyse

Scène 3 IPHIGÉNIE, ÉRIPHILE, DORIS.

IPHIGÉNIE

De cet accueil que dois-je soupçonner ?
580 D'une secrète horreur[1] je me sens frissonner.
Je crains, malgré moi-même, un malheur que j'ignore.
Justes dieux ! vous savez pour qui je vous implore.

ÉRIPHILE

Quoi ! parmi tous les soins[2] qui doivent l'accabler,
Quelque froideur suffit pour vous faire trembler ?
585 Hélas ! à quels soupirs suis-je donc condamnée,
Moi, qui de mes parents toujours abandonnée,
Étrangère partout, n'ai pas, même en naissant,
Peut-être reçu d'eux un regard caressant !
Du moins, si vos respects[3] sont rejetés d'un père,
590 Vous en pouvez gémir dans le sein d'une mère ;
Et de quelque disgrâce[4] enfin que vous pleuriez,
Quels pleurs par un amant ne sont point essuyés ?

IPHIGÉNIE

Je ne m'en défends point : mes pleurs, belle Ériphile,
Ne tiendraient pas longtemps contre les soins d'Achille ;
595 Sa gloire, son amour, mon père, mon devoir,
Lui donnent sur mon âme un trop juste pouvoir.
Mais de lui-même ici que faut-il que je pense ?
Cet amant, pour me voir brûlant d'impatience,
Que les Grecs de ces bords ne pouvaient arracher,
600 Qu'un père de si loin m'ordonne de chercher,
S'empresse-t-il assez pour jouir d'une vue
Qu'avec tant de transports[5] je croyais attendue ?

---

1. **Horreur :** effroi.
2. **Soins :** soucis.
3. **Respects :** marques de piété filiale.
4. **Disgrâce :** malheur.
5. **Tant de transports :** tant d'enthousiasme.

Pour moi, depuis deux jours qu'approchant de ces lieux,
Leur aspect souhaité se découvre à nos yeux,
605 Je l'attendais partout ; et d'un regard timide[1]
Sans cesse parcourant les chemins de l'Aulide,
Mon cœur pour le chercher volait loin devant moi,
Et je demande Achille à tout ce que je voi[2].
Je viens, j'arrive enfin sans qu'il m'ait prévenue[3].
610 Je n'ai percé qu'à peine[4] une foule inconnue ;
Lui seul ne paraît point. Le triste Agamemnon
Semble craindre à mes yeux de prononcer son nom.
Que fait-il ? Qui pourra m'expliquer ce mystère ?
Trouverai-je l'amant glacé comme le père ?
615 Et les soins[5] de la guerre auraient-ils en un jour
Éteint dans tous les cœurs la tendresse et l'amour ?
Mais non ; c'est l'offenser par d'injustes alarmes.
C'est à moi que l'on doit le secours de ses armes.
Il n'était point à Sparte entre tous ces amants[6]
620 Dont le père d'Hélène a reçu les serments ;
Lui seul de tous les Grecs maître de sa parole,
S'il part contre Ilion, c'est pour moi qu'il y vole ;
Et, satisfait d'un prix qui lui semble si doux,
Il veut même y porter le nom de mon époux.

---

1. **Timide :** plein de crainte.
2. **Voi :** orthographe pour la rime.
3. **Prévenue :** devancée.
4. **À peine :** avec peine.
5. **Soins :** inquiétudes.
6. **Entre tous ces amants :** il ne faisait pas partie des prétendants d'Hélène.

Scène 4 CLYTEMNESTRE, IPHIGÉNIE, ÉRIPHILE, DORIS.

CLYTEMNESTRE

625 Ma fille, il faut partir sans que rien nous retienne,
Et sauver, en fuyant, votre gloire et la mienne.
Je ne m'étonne plus qu'interdit[1] et distrait[2]
Votre père ait paru nous revoir à regret.
Aux affronts d'un refus craignant de vous commettre[3],
630 Il m'avait par Arcas envoyé cette lettre.
Arcas s'est vu trompé par notre égarement[4],
Et vient de me la rendre en ce même moment[5].
Sauvons, encore un coup[6], notre gloire offensée :
Pour votre hymen Achille a changé de pensée,
635 Et refusant l'honneur qu'on lui veut accorder,
Jusques à son retour il veut le retarder.

ÉRIPHILE

Qu'entends-je ?

CLYTEMNESTRE

Je vous vois rougir de cet outrage.
Il faut d'un noble orgueil armer votre courage[7].
Moi-même, de l'ingrat approuvant le dessein,
640 Je vous l'ai dans Argos présenté de ma main,
Et mon choix, que flattait le bruit[8] de sa noblesse,
Vous donnait avec joie au fils d'une déesse.

---

1. **Interdit :** déconcerté.
2. **Distrait :** perdu dans ses pensées.
3. **Vous commettre :** vous exposer.
4. **Égarement :** fait de ne pas avoir pris le bon chemin.
5. **En ce même moment :** à l'instant.
6. **Encore un coup :** encore une fois.
7. **Courage :** cœur.
8. **Bruit :** réputation.

Mais puisque désormais son lâche repentir[1]
Dément le sang des dieux dont on le fait sortir,
645 Ma fille, c'est à nous de montrer qui nous sommes,
Et de ne voir en lui que le dernier des hommes.
Lui ferons-nous penser, par un plus long séjour,
Que vos vœux de son cœur attendent le retour ?
Rompons avec plaisir un hymen qu'il diffère.
650 J'ai fait de mon dessein avertir votre père ;
Je ne l'attends ici que pour m'en séparer[2],
Et pour ce prompt départ je vais tout préparer.
(À Ériphile.)
Je ne vous presse point, Madame, de nous suivre ;
En de plus chères mains ma retraite[3] vous livre.
655 De vos desseins secrets on est trop éclairci,
Et ce n'est pas Calchas que vous cherchez ici.

Scène 5 IPHIGÉNIE, ÉRIPHILE, DORIS.

IPHIGÉNIE
En quel funeste[4] état ces mots m'ont-ils laissée !
Pour mon hymen Achille a changé de pensée !
Il me faut sans honneur[5] retourner sur mes pas,
660 Et vous cherchez ici quelque autre que Calchas ?
ÉRIPHILE
Madame, à ce discours je ne puis rien comprendre.

---

1. **Repentir :** changement d'avis.
2. **M'en séparer :** prendre congé de lui.
3. **Ma retraite :** fait de s'en aller.
4. **Funeste :** qui cause de la souffrance.
5. **Sans honneur :** déshonorée.

IPHIGÉNIE

Vous m'entendez[1] assez, si vous voulez m'entendre.
Le sort injurieux[2] me ravit un époux ;
Madame, à mon malheur m'abandonnerez-vous ?
665 Vous ne pouviez sans moi demeurer à Mycène ;
Me verra-t-on sans vous partir avec la reine ?

ÉRIPHILE

Je voulais voir Calchas avant que de partir.

IPHIGÉNIE

Que tardez-vous, Madame, à le faire avertir ?

ÉRIPHILE

D'Argos, dans un moment, vous reprenez la route.

IPHIGÉNIE

670 Un moment quelquefois éclaircit plus d'un doute.
Mais, Madame, je vois que c'est trop vous presser ;
Je vois ce que jamais je n'ai voulu penser ;
Achille... Vous brûlez[3] que je ne sois partie.

ÉRIPHILE

Moi ? Vous me soupçonnez de cette perfidie ?
675 Moi, j'aimerais, Madame, un vainqueur furieux[4],
Qui toujours tout sanglant se présente à mes yeux,
Qui, la flamme à la main et de meurtres avide,
Mit en cendres Lesbos...

IPHIGÉNIE

                    Oui, vous l'aimez, perfide !
Et ces mêmes fureurs que vous me dépeignez,
680 Ces bras que dans le sang vous avez vus baignés,
Ces morts, cette Lesbos, ces cendres, cette flamme,
Sont les traits dont l'amour l'a gravé dans votre âme,
Et loin d'en détester le cruel souvenir,
Vous vous plaisez encore à m'en entretenir.

---

1. **Vous m'entendez :** vous me comprenez.
2. **Injurieux :** qui offense.
3. **Brûlez :** attendez impatiemment.
4. **Furieux :** violent.

685 Déjà plus d'une fois dans vos plaintes forcées,
J'ai dû[1] voir et j'ai vu, le fond de vos pensées.
Mais toujours sur mes yeux ma facile[2] bonté
A remis le bandeau que j'avais écarté.
Vous l'aimez. Que faisais-je ? Et quelle erreur fatale
690 M'a fait entre mes bras recevoir ma rivale ?
Crédule, je l'aimais. Mon cœur même aujourd'hui
De son parjure amant lui promettait l'appui.
Voilà donc le triomphe où[3] j'étais amenée.
Moi-même à votre char je me suis enchaînée.
695 Je vous pardonne, hélas ! des vœux intéressés[4],
Et la perte d'un cœur que vous me ravissez.
Mais que sans m'avertir du piège qu'on me dresse,
Vous me laissiez chercher jusqu'au fond de la Grèce
L'ingrat qui ne m'attend que pour m'abandonner,
700 Perfide[5], cet affront se peut-il pardonner ?

ÉRIPHILE

Vous me donnez des noms qui doivent me surprendre,
Madame : on ne m'a pas instruite à les entendre ;
Et les dieux, contre moi dès longtemps indignés[6],
À mon oreille encor les avaient épargnés.
705 Mais il faut des amants excuser l'injustice.
Et de quoi vouliez-vous que je vous avertisse ?
Avez-vous pu penser qu'au sang d'Agamemnon
Achille préférât une fille sans nom,
Qui de tout son destin ce qu'elle a pu comprendre
710 C'est qu'elle sort d'un sang qu'il brûle de répandre ?

IPHIGÉNIE

Vous triomphez, cruelle, et bravez ma douleur.
Je n'avais pas encor senti tout mon malheur,

---

1. **J'ai dû :** j'aurais dû.
2. **Facile :** trop indulgente.
3. **Le triomphe où :** auquel.
4. **Vœux intéressés :** prières qui visent à satisfaire un intérêt personnel.
5. **Perfide :** qui trahit.
6. **Contre moi [...] indignés :** qui me traitent de façon indigne.

Et vous ne comparez votre exil et ma gloire
Que pour mieux relever[1] votre injuste victoire.
715 Toutefois vos transports[2] sont trop précipités.
Ce même Agamemnon à qui vous insultez[3],
Il commande à la Grèce, il est mon père, il m'aime,
Il ressent mes douleurs beaucoup plus que moi-même.
Mes larmes par avance avaient su le toucher ;
720 J'ai surpris ses soupirs qu'il me voulait cacher.
Hélas ! de son accueil condamnant la tristesse,
J'osais me plaindre à lui de son peu de tendresse !

Scène 6   ACHILLE, ÉRIPHILE, IPHIGÉNIE, DORIS.

ACHILLE

Il est donc vrai, Madame, et c'est vous que je vois !
Je soupçonnais d'erreur tout le camp à la fois.
725 Vous en Aulide ? vous ? Eh ! qu'y venez-vous faire ?
D'où vient qu'Agamemnon m'assurait le contraire ?

IPHIGÉNIE

Seigneur, rassurez-vous : vos vœux seront contents[4] :
Iphigénie encor n'y sera pas longtemps.

---

1. **Relever :** mettre en valeur.
2. **Transports :** mouvements de joie.
3. **À qui vous insultez :** à qui vous faites injure.
4. **Contents :** satisfaits.

Scène 7 ACHILLE, ÉRIPHILE, DORIS.

ACHILLE

Elle me fuit ! Veillé-je ? ou n'est-ce point un songe ?
730 Dans quel trouble nouveau cette fuite me plonge !
Madame, je ne sais si, sans vous irriter,
Achille devant vous pourra se présenter ;
Mais si d'un ennemi vous souffrez[1] la prière,
Si lui-même souvent a plaint sa prisonnière,
735 Vous savez quel sujet conduit ici leurs pas ;
Vous savez...

ÉRIPHILE

Quoi ! Seigneur, ne le savez-vous pas,
Vous qui depuis un mois, brûlant[2] sur ce rivage,
Avez conclu vous-même et hâté leur voyage ?

ACHILLE

De ce même rivage absent depuis un mois,
740 Je le revis hier pour la première fois.

ÉRIPHILE

Quoi ! lorsqu'Agamemnon écrivait à Mycène,
Votre amour, votre main n'a pas conduit la sienne ?
Quoi ! vous qui de sa fille adoriez les attraits...

ACHILLE

Vous m'en voyez encore épris plus que jamais,
745 Madame ; et si l'effet eût suivi ma pensée,
Moi-même dans Argos je l'aurais devancée.
Cependant on me fuit. Quel crime ai-je commis ?
Mais je ne vois partout que des yeux ennemis.
Que dis-je ? en ce moment[3] Calchas, Nestor, Ulysse,

---

1. **Souffrez :** supportez.
2. **Brûlant :** dévoré par la passion.
3. **En ce moment :** il y a juste un instant.

750 De leur vaine[1] éloquence employant l'artifice,
   Combattaient mon amour, et semblaient m'annoncer
   Que si j'en crois ma gloire, il y faut renoncer.
   Quelle entreprise ici pourrait être formée ?
   Suis-je, sans le savoir, la fable[2] de l'armée ?
755 Entrons. C'est un secret qu'il leur faut arracher.

Scène 8 ÉRIPHILE, DORIS.

ÉRIPHILE

Dieux, qui voyez ma honte, où me dois-je cacher ?
Orgueilleuse rivale, on t'aime, et tu murmures[3] ?
Souffrirai-je à la fois ta gloire et tes injures ?
Ah ! plutôt... Mais, Doris, ou j'aime à me flatter[4],
760 Ou sur eux quelque orage est tout prêt d'éclater.
J'ai des yeux. Leur bonheur n'est pas encor tranquille[5].
On trompe Iphigénie ; on se cache d'Achille ;
Agamemnon gémit. Ne désespérons point ;
Et si le sort contre elle à ma haine se joint,
765 Je saurai profiter de cette intelligence[6]
Pour ne pas pleurer seule et mourir sans vengeance.

---

1. **Vaine :** sans consistance.
2. **La fable :** le sujet de plaisanterie.
3. **Tu murmures :** tu protestes, tu te plains.
4. **J'aime à me flatter :** j'aime me bercer d'illusions.
5. **Tranquille :** à l'abri des dangers.
6. **Cette intelligence :** cette union, cette convergence.

Synthèse Acte II

L'acte de tous les malentendus

Personnages

L'entrée en scène de l'héroïne, de sa rivale et de sa mère

L'acte I ne mettait en scène que des personnages masculins.

L'acte II, au contraire, est largement dominé par les figures féminines. L'entrée en scène d'Ériphile (II, 1) vient compléter l'exposition : jalouse et haineuse à l'égard d'Iphigénie, cette princesse orpheline et captive apparaît comme une parfaite héroïne tragique, vouée au malheur et surtout à la vengeance. Puis c'est Iphigénie qui entre en scène (II, 2), en victime innocente, toute à la joie de revoir ce père qu'elle adore. Enfin, l'arrivée de Clytemnestre (II, 4) constitue un coup de théâtre, puisqu'elle informe sa fille qu'Achille a changé d'avis quant à leur mariage. Face à ce qu'elle considère comme un affront fait à sa fille, sa réaction est pleine de violence : emportée et colérique, Clytemnestre apparaît prête à tout pour sauver l'honneur et le bonheur de son enfant. Ainsi donc, l'acte II est dominé non plus par des préoccupations politiques, comme l'acte I, mais par des préoccupations affectives.

Langage

Le décalage pathétique entre le discours et la réalité

L'acte II est empreint d'ironie tragique, dans la mesure où il repose sur le décalage entre les informations dont dispose le spectateur et l'ignorance du héros, qui ne discerne pas le véritable sens des paroles et des événements. D'un côté, il y a les personnages qui cachent leurs raisons d'agir, comme Agamemnon, qui prépare le sacrifice, et comme Ériphile, qui prépare sa vengeance. De l'autre, il y a les personnages qui se laissent abuser par de fausses informations, comme Ériphile, Clytemnestre et Iphigénie, qui croient au revirement d'Achille, inventé par Agamemnon. Enfin, un certain nombre de personnages pressentent que quelque chose leur échappe, comme Achille, Ériphile et Doris.

Tout au long de l'acte, les malentendus, qui ne sont perceptibles que par le spectateur, se succèdent donc : Iphigénie ne parvient pas à s'expliquer la froideur de son père, qui ne répond pas à ses questions ; Clytemnestre puis Iphigénie pensent qu'Achille a renoncé au mariage à cause d'Ériphile ; Achille ne comprend pas la fuite d'Iphigénie, qui refuse de lui parler ; Iphigénie croit expliquer l'inquiétude de son père par l'infidélité d'Achille.

Société

L'importation des thèmes galants dans la tragédie

Afin de plaire au public de son temps, Racine s'adapte à la sensibilité alors en vogue, celle de la galanterie. Ce vaste mouvement culturel est né dans les salons aristocratiques, comme celui de l'Hôtel de Rambouillet ou celui de Mlle de Scudéry. Ces salons étaient tenus par des femmes soucieuses de définir un nouvel art de vivre, délicat et raffiné. Caricaturées, notamment par Molière, en « précieuses ridicules », ces femmes cultivées définissent une nouvelle manière de ressentir, d'aimer et de s'exprimer.

Le courant galant se caractérise par une double volonté : d'une part, proposer des règles de conduite et de langage destinées à rendre les relations humaines harmonieuses; d'autre part, définir toutes les subtilités des sentiments amoureux. C'est parce qu'il est désireux de suivre la mode de la galanterie que Racine s'écarte de la pièce d'Euripide et qu'il invente deux relations amoureuses – l'une heureuse (celle d'Iphigénie et d'Achille) ; l'autre, malheureuse (celle d'Ériphile et d'Achille).

ACTE III

Scène 1 AGAMEMNON, CLYTEMNESTRE.

CLYTEMNESTRE

Oui, Seigneur, nous partions ; et mon juste courroux
Laissait bientôt Achille et le camp loin de nous.
Ma fille dans Argos courait pleurer sa honte.
770 Mais lui-même, étonné d'une fuite si prompte,
Par combien de serments dont je n'ai pu douter,
Vient-il de me convaincre et de nous arrêter !
Il presse cet hymen qu'on prétend qu'il diffère,
Et vous cherche, brûlant d'amour et de colère :
775 Prêt d'imposer silence à ce bruit imposteur[1],
Achille en veut connaître et confondre[2] l'auteur.
Bannissez[3] ces soupçons qui troublaient notre joie.

AGAMEMNON

Madame, c'est assez. Je consens qu'on le croie.
Je reconnais l'erreur qui nous avait séduits[4],
780 Et ressens votre joie autant que je le puis.
Vous voulez que Calchas l'unisse à ma famille ;
Vous pouvez à l'autel envoyer votre fille,
Je l'attends. Mais, avant que de passer plus loin,
J'ai voulu vous parler un moment sans témoin.
785 Vous voyez en quels lieux vous l'avez amenée :
Tout y ressent la guerre[5], et non point l'hyménée[6].
Le tumulte d'un camp, soldats et matelots,

---

1. **Ce bruit imposteur :** cette rumeur trompeuse.
2. **Confondre :** démasquer.
3. **Bannissez :** dissipez.
4. **Séduits :** trompés.
5. **Tout y ressent la guerre :** tout respire la guerre.
6. **Hyménée :** mariage.

Un autel hérissé de dards[1], de javelots,
Tout ce spectacle enfin, pompe[2] digne d'Achille,
790 Pour attirer vos yeux n'est point assez tranquille ;
Et les Grecs y verraient l'épouse de leur roi
Dans un état indigne et de vous et de moi.
M'en croirez-vous ? Laissez, de vos femmes[3] suivie,
À cet hymen, sans vous, marcher Iphigénie.

CLYTEMNESTRE

795 Qui ? moi ? que, remettant ma fille en d'autres bras,
Ce que j'ai commencé, je ne l'achève pas ?
Qu'après l'avoir d'Argos amenée en Aulide,
Je refuse à l'autel de lui servir de guide ?
Dois-je donc de Calchas être moins près que vous ?
800 Et qui présentera ma fille à son époux ?
Quelle autre ordonnera[4] cette pompe sacrée ?

AGAMEMNON

Vous n'êtes point ici dans le palais d'Atrée.
Vous êtes dans un camp...

CLYTEMNESTRE

                    Où tout vous est soumis,
Où le sort de l'Asie en vos mains est remis,
805 Où je vois sous vos lois marcher la Grèce entière ;
Où le fils de Thétis va m'appeler sa mère[5].
Dans quel palais superbe et plein de ma grandeur
Puis-je jamais paraître avec plus de splendeur ?

AGAMEMNON

Madame, au nom des dieux auteurs de notre race[6],
810 Daignez à mon amour accorder cette grâce.
J'ai mes raisons.

---

1. **Dards :** lances.
2. **Pompe :** magnificence de l'armée.
3. **Vos femmes :** vos suivantes.
4. **Ordonnera :** agencera.
5. **Sa mère :** sa belle-mère.
6. **Notre race :** Agamemnon et Clytemnestre descendent tous deux de Zeus.

CLYTEMNESTRE
Seigneur, au nom des mêmes dieux,
D'un spectacle si doux ne privez point mes yeux.
Daignez ne point ici rougir de ma présence.

AGAMEMNON
J'avais plus espéré de votre complaisance.
815 Mais puisque la raison ne vous peut émouvoir,
Puisque enfin ma prière a si peu de pouvoir,
Vous avez entendu ce que je vous demande,
Madame : je le veux, et je vous le commande.
Obéissez.

Scène 2   CLYTEMNESTRE, *seule.*

CLYTEMNESTRE
D'où vient que d'un soin[1] si cruel
820 L'injuste Agamemnon m'écarte de l'autel ?
Fier de son nouveau rang m'ose-t-il méconnaître ?[2]
Me croit-il à sa suite indigne de paraître ?
Ou de l'empire encor timide[3] possesseur,
N'oserait-il d'Hélène ici montrer la sœur[4] ?
825 Et pourquoi me cacher ? et par quelle injustice
Faut-il que sur mon front sa honte[5] rejaillisse ?
Mais n'importe : il le veut, et mon cœur s'y résout.
Ma fille, ton bonheur me console de tout.
Le ciel te donne Achille, et ma joie est extrême
830 De t'entendre nommer... Mais le voici lui-même.

---

1. **Soin** : empressement.
2. **M'ose-t-il méconnaître ?** : ose-t-il me désavouer ?
3. **Timide** : craintif.
4. **La sœur** : Clytemnestre est la sœur d'Hélène, dont l'enlèvement est à l'origine de la guerre de Troie.
5. **Sa honte** : celle d'Hélène.

Scène 3 ACHILLE, CLYTEMNESTRE.

ACHILLE

Tout succède[1], Madame, à mon empressement.
Le roi n'a point voulu d'autre éclaircissement ;
Il en croit mes transports[2], et sans presque m'entendre,
Il vient, en m'embrassant, de m'accepter pour gendre.
835 Il ne m'a dit qu'un mot. Mais vous a-t-il conté
Quel bonheur dans le camp vous avez apporté ?
Les dieux vont s'apaiser. Du moins Calchas publie
Qu'avec eux, dans une heure, il nous réconcilie ;
Que Neptune et les vents, prêts à nous exaucer,
840 N'attendent que le sang que sa main va verser.
Déjà dans les vaisseaux la voile se déploie,
Déjà sur sa parole ils se tournent vers Troie.
Pour moi, quoique le ciel, au gré de[3] mon amour,
Dût[4] encore des vents retarder le retour,
845 Que je quitte à regret la rive fortunée[5]
Où je vais allumer les flambeaux d'hyménée[6] ;
Puis-je ne point chérir l'heureuse occasion
D'aller du sang troyen sceller notre union,
Et de laisser bientôt, sous Troie ensevelie,
850 Le déshonneur d'un nom à qui le mien s'allie ?

---

1. **Tout succède :** tout est favorable.
2. **Mes transports :** mes mouvements passionnés.
3. **Au gré de :** suivant la volonté de.
4. **Dût :** devrait.
5. **Fortunée :** où l'on est heureux.
6. **Hyménée :** mariage.

Scène 4 ACHILLE, CLYTEMNESTRE, IPHIGÉNIE, ÉRIPHILE, DORIS, ÆGINE.

ACHILLE

Princesse, mon bonheur ne dépend que de vous.
Votre père à l'autel vous destine un époux :
Venez y recevoir un cœur qui vous adore.

IPHIGÉNIE

Seigneur, il n'est pas temps que nous partions encore.
855 La reine permettra que j'ose demander
Un gage à votre amour, qu'il me doit accorder.
Je viens vous présenter une jeune princesse.
Le ciel a sur son front imprimé[1] sa noblesse.
De larmes tous les jours ses yeux sont arrosés ;
860 Vous savez ses malheurs, vous les avez causés.
Moi-même (où m'emportait une aveugle colère ?)
J'ai tantôt, sans respect, affligé[2] sa misère.
Que ne puis-je aussi bien, par d'utiles secours,
Réparer promptement mes injustes discours !
865 Je lui prête ma voix[3], je ne puis davantage ;
Vous seul pouvez, Seigneur, détruire votre ouvrage.
Elle est votre captive, et ses fers que je plains[4],
Quand vous l'ordonnerez, tomberont de ses mains.
Commencez donc par là cette heureuse journée.
870 Qu'elle puisse à nous voir n'être plus condamnée.
Montrez que je vais suivre au pied de nos autels
Un roi qui, non content d'effrayer les mortels,
À des embrasements ne borne point sa gloire,
Laisse aux pleurs d'une épouse attendrir sa victoire,

---

1. **Imprimé :** marqué.
2. **Affligé :** blessé.
3. **Je lui prête ma voix :** je parle en sa faveur.
4. **Que je plains :** que je déplore.

875 Et par les malheureux quelquefois désarmé,
Sait imiter en tout les dieux qui l'ont formé[1].

ÉRIPHILE

Oui, Seigneur, des douleurs soulagez la plus vive.
La guerre dans Lesbos me fit votre captive.
Mais c'est pousser trop loin ses droits injurieux[2]
880 Qu'y joindre le tourment que je souffre en ces lieux.

ACHILLE

Vous, Madame ?

ÉRIPHILE

       Oui, Seigneur ; et sans compter le reste,
Pouvez-vous m'imposer une loi plus funeste
Que de rendre mes yeux les tristes spectateurs
De la félicité de mes persécuteurs ?
885 J'entends de toutes parts menacer ma patrie ;
Je vois marcher contre elle une armée en furie ;
Je vois déjà l'hymen, pour mieux me déchirer,
Mettre en vos mains le feu[3] qui la doit dévorer.
Souffrez que loin du camp et loin de votre vue,
890 Toujours infortunée et toujours inconnue,
J'aille cacher un sort si digne de pitié,
Et dont mes pleurs encor vous taisent la moitié.

ACHILLE

C'est trop, belle princesse. Il ne faut que nous suivre.
Venez, qu'aux yeux des Grecs Achille vous délivre,
895 Et que le doux moment de ma félicité
Soit le moment heureux de votre liberté.

---

1. **Les dieux qui l'ont formé :** allusion aux origines divines d'Achille, fils de la déesse Thétis ; les dieux sont censés être sensibles aux prières.
2. **Injurieux :** injustes.
3. **Le feu :** la puissance destructrice.

Scène 5 CLYTEMNESTRE, ACHILLE, IPHIGÉNIE, ÉRIPHILE, ARCAS, ÆGINE, DORIS.

ARCAS

Madame, tout est prêt pour la cérémonie :
Le roi près de l'autel attend Iphigénie ;
Je viens la demander. Ou plutôt contre lui
900 Seigneur, je viens pour elle implorer votre appui.

ACHILLE

Arcas, que dites-vous ?

CLYTEMNESTRE

Dieux ! que vient-il m'apprendre ?

ARCAS, *à Achille.*

Je ne vois plus que vous qui la puisse défendre.

ACHILLE

Contre qui ?

ARCAS

Je le nomme et l'accuse à regret.
Autant que je l'ai pu, j'ai gardé son secret.
905 Mais le fer, le bandeau[1], la flamme est toute prête[2] :
Dût tout cet appareil[3] retomber sur ma tête,
Il faut parler.

CLYTEMNESTRE

Je tremble. Expliquez-vous, Arcas.

ACHILLE

Qui que ce soit, parlez, et ne le craignez pas.

ARCAS

Vous êtes son amant, et vous êtes sa mère :
910 Gardez-vous d'envoyer la princesse à son père.

---

1. **Le bandeau :** on mettait un bandeau sur les yeux des victimes lors des sacrifices.
2. **Prête :** accord avec le sujet le plus proche.
3. **Cet appareil :** ces préparatifs.

CLYTEMNESTRE

Pourquoi le craindrons-nous ?

ACHILLE

Pourquoi m'en défier ?

ARCAS

Il l'attend à l'autel pour la sacrifier.

ACHILLE

Lui !

CLYTEMNESTRE

Sa fille !

IPHIGÉNIE

Mon père !

ÉRIPHILE

Ô ciel ! quelle nouvelle !

ACHILLE

Quelle aveugle fureur pourrait l'armer contre elle ?
915 Ce discours sans horreur se peut-il écouter ?

ARCAS

Ah ! Seigneur, plût au ciel que je pusse en douter !
Par la voix de Calchas l'oracle la demande ;
De toute autre victime il refuse l'offrande,
Et les dieux, jusque-là protecteurs de Pâris,
920 Ne nous promettent Troie et les vents qu'à ce prix.

CLYTEMNESTRE

Les dieux ordonneraient un meurtre abominable ?

IPHIGÉNIE

Ciel ! pour tant de rigueur, de quoi suis-je coupable ?

CLYTEMNESTRE

Je ne m'étonne plus de cet ordre cruel
Qui m'avait interdit l'approche de l'autel.

IPHIGÉNIE, *à Achille.*
925 Et voilà donc l'hymen où[1] j'étais destinée !

---

1. **L'hymen où :** le mariage auquel.

ARCAS

Le roi, pour vous tromper, feignait cet hyménée.
Tout le camp même encore est trompé comme vous.

CLYTEMNESTRE

Seigneur, c'est donc à moi d'embrasser vos genoux.

ACHILLE, *la relevant.*

Ah ! Madame !

CLYTEMNESTRE

Oubliez une gloire importune[1] ;
930   Ce triste abaissement convient à ma fortune[2],
Heureuse si mes pleurs vous peuvent attendrir !
Une mère à vos pieds peut tomber sans rougir.
C'est votre épouse, hélas ! qui vous est enlevée ;
Dans cet heureux espoir je l'avais élevée.
935   C'est vous que nous cherchions sur ce funeste bord,
Et votre nom, Seigneur, l'a conduite à la mort.
Ira-t-elle, des dieux implorant la justice,
Embrasser leurs autels parés pour son supplice ?
Elle n'a que vous seul : vous êtes en ces lieux
940   Son père, son époux, son asile[3], ses dieux.
Je lis dans vos regards la douleur qui vous presse[4].
Auprès de votre époux, ma fille, je vous laisse.
Seigneur, daignez m'attendre, et ne la point quitter.
À mon perfide[5] époux je cours me présenter.
945   Il ne soutiendra point[6] la fureur qui m'anime.
Il faudra que Calchas cherche une autre victime,
Ou si je ne vous puis dérober à leurs coups,
Ma fille, ils pourront bien m'immoler avant vous.

---

1. **Importune :** gênante.
2. **Fortune :** sort.
3. **Asile :** refuge.
4. **Qui vous presse :** qui vous oppresse.
5. **Perfide :** traître.
6. **Ne soutiendra point :** ne résistera pas à.

Scène 6   ACHILLE, IPHIGÉNIE.

ACHILLE

Madame, je me tais, et demeure immobile[1].
950   Est-ce à moi que l'on parle, et connaît-on Achille ?
Une mère pour vous croit devoir me prier ;
Une reine à mes pieds se vient humilier ;
Et me déshonorant par d'injustes alarmes,
Pour attendrir mon cœur on a recours aux larmes !
955   Qui doit prendre à vos jours plus d'intérêt que moi ?
Ah ! sans doute on s'en peut reposer sur ma foi[2].
L'outrage me regarde[3] ; et quoi qu'on entreprenne,
Je réponds d'une vie où j'attache la mienne.
Mais ma juste douleur va plus loin m'engager.
960   C'est peu de vous défendre, et je cours vous venger,
Et punir à la fois[4] le cruel stratagème
Qui s'ose de mon nom armer contre vous-même[5].

IPHIGÉNIE

Ah ! demeurez, Seigneur, et daignez m'écouter.

ACHILLE

Quoi, Madame ? un barbare osera m'insulter ?
965   Il voit que de sa sœur[6] je cours venger l'outrage ;
Il sait que le premier lui donnant mon suffrage,
Je le fis nommer chef de vingt rois ses rivaux ;
Et pour fruit de mes soins, pour fruit de mes travaux,
Pour tout le prix enfin d'une illustre victoire
970   Qui le doit enrichir, venger, combler de gloire,

---

1. **Immobile :** frappé de stupeur.
2. **Foi :** fidélité à ses engagements.
3. **Me regarde :** me concerne.
4. **À la fois :** en même temps.
5. **Qui s'ose de mon nom armer contre vous-même :** qui ose utiliser mon nom pour vous faire du mal.
6. **Sa sœur :** sa belle-sœur, Hélène.

Content et glorieux du nom de votre époux[1],
Je ne lui demandais que l'honneur d'être à vous.
Cependant aujourd'hui, sanguinaire, parjure,
C'est peu de violer l'amitié, la nature ;
975 C'est peu que de vouloir, sous un couteau mortel,
Me montrer votre cœur fumant sur un autel[2] :
D'un appareil d'hymen[3] couvrant ce sacrifice,
Il veut que ce soit moi qui vous mène au supplice ?
Que ma crédule main conduise le couteau ?
980 Qu'au lieu de votre époux je sois votre bourreau ?
Et quel était pour vous ce sanglant hyménée,
Si je fusse arrivé plus tard d'une journée ?
Quoi donc ! à leur fureur livrée en ce moment
Vous iriez à l'autel me chercher vainement,
985 Et d'un fer imprévu vous tomberiez frappée,
En accusant mon nom qui vous aurait trompée ?
Il faut de ce péril, de cette trahison,
Aux yeux de tous les Grecs lui demander raison[4].
À l'honneur d'un époux vous même intéressée[5],
990 Madame, vous devez approuver ma pensée.
Il faut que le cruel qui m'a pu mépriser
Apprenne de quel nom il osait abuser.

IPHIGÉNIE

Hélas, si vous m'aimez, si pour grâce dernière
Vous daignez d'une amante écouter la prière,
995 C'est maintenant, Seigneur, qu'il faut me le prouver.
Car enfin ce cruel que vous allez braver,
Cet ennemi barbare, injuste, sanguinaire,
Songez, quoi qu'il ait fait, songez qu'il est mon père.

---

1. **Glorieux du nom de votre époux :** me faisant un honneur d'être votre époux.
2. **Fumant sur un autel :** allusion à l'observation des entrailles des victimes, qui étaient censées livrer des signes de la volonté des dieux aux prêtres.
3. **Un appareil d'hymen :** les préparatifs d'un mariage.
4. **Lui demander raison :** lui faire payer le prix.
5. **Intéressée :** qui a un intérêt à.

ACHILLE

Lui ! Votre père ? Après son horrible dessein,
1000 Je ne le connais plus que pour[1] votre assassin.

IPHIGÉNIE

C'est mon père, Seigneur, je vous le dis encore,
Mais un père que j'aime, un père que j'adore,
Qui me chérit lui-même, et dont, jusqu'à ce jour,
Je n'ai jamais reçu que des marques d'amour.
1005 Mon cœur, dans ce respect élevé dès l'enfance,
Ne peut que s'affliger de tout ce qui l'offense ;
Et loin d'oser ici, par un prompt changement,
Approuver la fureur de votre emportement,
Loin que par mes discours je l'attise moi-même,
1010 Croyez qu'il faut aimer autant que je vous aime,
Pour avoir pu souffrir tous les noms odieux
Dont votre amour le vient d'outrager à mes yeux.
Et pourquoi voulez-vous qu'inhumain et barbare,
Il ne gémisse pas du coup qu'on me prépare ?
1015 Quel père de son sang se plaît à se priver ?
Pourquoi me perdrait-il, s'il pouvait me sauver ?
J'ai vu, n'en doutez point, ses larmes se répandre.
Faut-il le condamner avant que de l'entendre ?
Hélas ! de tant d'horreurs son cœur déjà troublé
1020 Doit-il de votre haine être encore accablé ?

ACHILLE

Quoi, Madame ! parmi tant de sujets de crainte,
Ce sont là les frayeurs dont vous êtes atteinte ?
Un cruel (comment puis-je autrement l'appeler ?)
Par la main de Calchas s'en va vous immoler ;
1025 Et lorsqu'à sa fureur j'oppose ma tendresse,
Le soin[2] de son repos est le seul qui vous presse[3] ?
On me ferme la bouche ? On l'excuse ! On le plaint !

---

1. **Je ne le connais plus que pour :** je ne le considère plus que comme.
2. **Soin :** souci.
3. **Qui vous presse :** qui vous angoisse.

C'est pour lui que l'on tremble, et c'est moi que l'on craint !
Triste effet de mes soins ! Est-ce donc là, Madame,
1030 Tout le progrès qu'Achille avait fait dans votre âme ?

IPHIGÉNIE

Ah, cruel ! cet amour dont vous voulez douter,
Ai-je attendu si tard pour le faire éclater ?
Vous voyez de quel œil, et comme indifférente,
J'ai reçu de ma mort la nouvelle sanglante.
1035 Je n'en ai point pâli. Que n'avez-vous pu voir
À quel excès tantôt allait mon désespoir,
Quand presque en arrivant[1] un récit peu fidèle
M'a de votre inconstance annoncé la nouvelle !
Qui sait même, qui sait si le ciel irrité
1040 A pu souffrir[2] l'excès de ma félicité ?
Hélas ! il me semblait qu'une flamme si belle
M'élevait au-dessus du sort d'une mortelle.

ACHILLE

Ah ! si je vous suis cher, ma princesse, vivez.

---

1. **En arrivant :** à mon arrivée.
2. **Souffrir :** supporter.

Clefs d'analyse

Compréhension

▍ *Un dialogue conflictuel*

- Définir la surprenante réaction d'Iphigénie face à la décision prise par Achille.
- Observer l'organisation du dialogue.

▍ *Deux caractères opposés*

- Définir l'attitude d'Achille, blessé dans son orgueil.
- Définir l'attitude d'Iphigénie, blessée dans son amour filial.

Réflexion

▍ *Le réquisitoire d'Achille (v. 964-992)*

- Interpréter le recours aux champs lexicaux de l'honneur et de la barbarie.
- Analyser les procédés de style qui font de l'évocation du sacrifice une véritable hypotypose.

▍ *Le plaidoyer d'Iphigénie (v. 1001-1020)*

- Analyser la structure du plaidoyer d'Iphigénie.
- Analyser les deux champs lexicaux qui contribuent à en accentuer l'efficacité.

> ### À retenir
> *Pour étudier un dialogue de théâtre, il faut d'abord définir ses composantes (répliques, stichomythie, tirades), mais aussi son organisation (enchaînement des tours de parole). En outre, il faut faire attention aux enjeux de l'échange (relation des interlocuteurs, attentes de l'un et de l'autre, informations échangées, rapports de force, opposition d'intérêts, d'idées ou de sentiments).*

Scène 7 CLYTEMNESTRE, IPHIGÉNIE, ACHILLE, ÆGINE.

CLYTEMNESTRE

Tout est perdu, Seigneur, si vous ne nous sauvez.
1045 Agamemnon m'évite, et craignant mon visage,
Il me fait de l'autel refuser le passage :
Des gardes, que lui-même a pris soin de placer,
Nous ont de toutes parts défendu de passer.
Il me fuit. Ma douleur étonne son audace.

ACHILLE

1050 Hé bien ! c'est donc à moi de prendre votre place.
Il me verra, Madame, et je vais lui parler.

IPHIGÉNIE

Ah ! Madame... Ah ! Seigneur, où voulez-vous aller ?

ACHILLE

Et que prétend de moi[1] votre injuste prière ?
Vous faudra-t-il toujours combattre la première ?

CLYTEMNESTRE

1055 Quel est votre dessein, ma fille ?

IPHIGÉNIE

                                        Au nom des dieux,
Madame, retenez un amant furieux.
De ce triste entretien détournons les approches[2].
Seigneur, trop d'amertume aigrirait vos reproches.
Je sais jusqu'où s'emporte un amant irrité,
1060 Et mon père est jaloux de son autorité.
On ne connaît que trop la fierté des Atrides.
Laissez parler, Seigneur, des bouches plus timides.
Surpris, n'en doutez point, de mon retardement,

---

1. **Que prétend de moi :** qu'attend de moi.
2. **De ce triste entretien détournons les approches** : tâchons d'éviter que cette conversation entre Achille et Agamemnon ait lieu.

Lui-même il me viendra chercher dans un moment :
1065   Il entendra gémir une mère oppressée[1],
Et que ne pourra point m'inspirer la pensée
De prévenir les pleurs que vous verseriez tous,
D'arrêter vos transports[2] et de vivre pour vous ?

ACHILLE

Enfin vous le voulez : il faut donc vous complaire.
1070   Donnez-lui l'une et l'autre un conseil salutaire :
Rappelez sa raison, persuadez-le bien,
Pour vous, pour mon repos, et surtout pour le sien.
Je perds trop de moments en des discours frivoles[3] :
Il faut des actions, et non pas des paroles.
(À Clytemnestre.)
1075   Madame, à vous servir je vais tout disposer.
Dans votre appartement allez vous reposer.
Votre fille vivra, je puis vous le prédire.
Croyez du moins, croyez que tant que je respire,
Les dieux auront en vain ordonné son trépas.
1080   Cet oracle est plus sûr que celui de Calchas.

---

1. **Oppressée :** accablée de souffrances.
2. **Transports :** vives émotions.
3. **Frivoles :** inutiles.

Synthèse Acte III

L'acte de la révélation

Personnages
▌ Du bonheur au malheur

Le bonheur qui suit la réconciliation entre Iphigénie et Achille, qui se préparent à célébrer leur mariage, fait brutalement place à l'horreur, lorsque Arcas, venu chercher Iphigénie sur l'ordre d'Agamemnon pour la conduire à l'autel, révèle la vérité aux personnages présents (scène 5). L'acte III se caractérise ainsi par un violent changement de tonalité, puisque les protagonistes passent de l'allégresse (scènes 3 et 4) à la douleur. À la souffrance de voir Iphigénie condamnée s'ajoute, pour Achille et Clytemnestre, la colère d'avoir été trompés et manipulés par Agamemnon, dont ils comprennent à présent les machinations. Le couple formé par Iphigénie et Achille apparaît particulièrement pathétique : alors qu'ils s'apprêtaient à se marier, ils apprennent qu'ils seront bientôt séparés par la mort. L'horreur de la situation est accentuée par l'ironie tragique, que seul le spectateur était capable de percevoir jusque là, mais qui devient compréhensible pour les personnages eux-mêmes (v. 925).

Langage
▌ Le plaidoyer

Si la figure d'Iphigénie est aussi pathétique, ce n'est pas seulement parce qu'elle est innocente. C'est aussi parce qu'elle est vertueuse, comme le montrent la compassion, la pitié et la générosité dont elle fait preuve tantôt à l'égard de la malheureuse captive Ériphile (III, 4), tantôt à l'égard de son père (III, 6), qu'elle devine déchiré par sa cruelle décision.

Durant l'acte III, elle prononce ainsi deux plaidoyers particulièrement émouvants. Parce que le plaidoyer vise à défendre une personne, il relève du genre judiciaire. Alors que le genre délibératif vise à conseiller ou à déconseiller, et que le genre épidictique vise à louer ou à blâmer, le genre judiciaire vise à accuser ou à défendre. Comme il vise à obtenir l'indulgence du destinataire, le plaidoyer a souvent recours au pathétique. En outre, pour persuader le destinataire que la personne défendue mérite de l'indulgence, le plaidoyer est souvent construit de manière rigoureuse. C'est ainsi que le plaidoyer que fait Iphigénie en faveur d'Ériphile comprend successivement toutes les parties nécessaires à un discours judiciaire : un exorde, qui présente l'objet de la requête ; une narration, qui présente le sort d'Ériphile ; une confirmation, qui insiste sur la culpabilité d'Achille ainsi que sur la sienne propre ; une péroraison, qui implore Achille de se laisser attendrir.

Société

▌ L'engouement pour les « questions d'amour »

Les contemporains de Racine ne cessent de s'interroger sur la définition du sentiment amoureux et sur les différentes formes d'amour. L'amour est en effet au cœur des réflexions et des débats qui animent les cercles galants (caricaturés par Molière dans *Les Précieuses ridicules*), comme en témoigne un jeu très à la mode dans les salons à l'époque de Racine : celui des « questions d'amour », qui permet de débattre de questions touchant les sentiments, les relations humaines et la morale. Ainsi, le dialogue entre Iphigénie et Achille (III, 6) semble reposer sur une question fondamentale : une fille doit-elle obéir à son père plutôt qu'à son amant ?

ACTE IV

Scène 1 ÉRIPHILE, DORIS.

DORIS

Ah ! que me dites-vous ? Quelle étrange manie[1]
Vous peut faire envier le sort d'Iphigénie ?
Dans une heure elle expire. Et jamais, dites-vous,
Vos yeux de son bonheur ne furent plus jaloux.
1085 Qui le croira, Madame ? Et quel cœur si farouche...

ÉRIPHILE

Jamais rien de plus vrai n'est sorti de ma bouche.
Jamais de tant de soins[2] mon esprit agité
Ne porta plus d'envie à sa félicité.
Favorables périls ! Espérance inutile !
1090 N'as tu pas vu sa gloire[3], et le trouble d'Achille ?
J'en ai vu, j'en ai fui les signes trop certains.
Ce héros, si terrible au reste des humains,
Qui ne connaît de pleurs que ceux qu'il fait répandre,
Qui s'endurcit contre eux dès l'âge le plus tendre,
1095 Et qui, si l'on nous fait un fidèle discours[4],
Suça même le sang des lions et des ours,
Pour elle de la crainte a fait l'apprentissage :
Elle l'a vu pleurer et changer de visage.
Et tu la plains, Doris ! Par combien de malheurs
1100 Ne lui voudrais-je point disputer de tels pleurs ?
Quand je devrais comme elle expirer dans une heure...
Mais que dis-je, expirer ? Ne crois pas qu'elle meure.
Dans un lâche sommeil crois-tu qu'enseveli

---

1. **Manie :** folie.
2. **Soins :** inquiétudes.
3. **Sa gloire :** la considération dont elle jouit.
4. **Si l'on nous fait un fidèle discours :** si la rumeur dit vrai.

Achille aura pour elle impunément[1] pâli ?
1105 Achille à son malheur saura bien mettre obstacle.
Tu verras que les dieux n'ont dicté cet oracle
Que pour croître[2] à la fois sa gloire et mon tourment,
Et la rendre plus belle aux yeux de son amant.
Hé quoi ! ne vois-tu pas tout ce qu'on fait pour elle ?
1110 On supprime des dieux la sentence mortelle ;
Et quoique le bûcher soit déjà préparé,
Le nom de la victime est encore ignoré :
Tout le camp n'en sait rien. Doris, à ce silence,
Ne reconnais-tu pas un père qui balance[3] ?
1115 Et que fera-t-il donc ? Quel courage[4] endurci
Soutiendrait les assauts qu'on lui prépare ici :
Une mère en fureur, les larmes d'une fille,
Les cris, le désespoir de toute une famille,
Le sang, à ces objets facile à s'ébranler[5],
1120 Achille menaçant, tout prêt à l'accabler ?
Non, te dis-je, les dieux l'ont en vain condamnée :
Je suis et je serai la seule infortunée.
Ah ! si je m'en croyais...

DORIS

Quoi ? Que méditez-vous ?

ÉRIPHILE

Je ne sais qui[6] m'arrête et retient mon courroux,
1125 Que par un prompt avis[7] de tout ce qui se passe,
Je ne coure des dieux divulguer la menace
Et publier partout les complots criminels
Qu'on fait ici contre eux et contre leurs autels.

---

1. **Impunément :** sans conséquences.
2. **Croître :** accroître, augmenter.
3. **Qui balance :** qui hésite.
4. **Courage :** cœur.
5. **S'ébranler :** s'émouvoir.
6. **Je ne sais qui :** je ne sais ce qui m'arrête.
7. **Par un prompt avis :** en répandant vite l'information.

DORIS

Ah ! quel dessein, Madame !

ÉRIPHILE

Ah ! Doris ! quelle joie !

1130 Que d'encens brûlerait dans les temples de Troie,
Si, troublant[1] tous les Grecs, et vengeant ma prison[2],
Je pouvais contre Achille armer Agamemnon ;
Si leur haine, de Troie oubliant la querelle[3],
Tournait contre eux le fer qu'ils aiguisent contre elle,
1135 Et si de tout le camp mes avis dangereux
Faisaient à ma patrie un sacrifice heureux !

DORIS

J'entends du bruit. On vient : Clytemnestres'avance.
Remettez-vous, Madame, ou fuyez sa présence.

ÉRIPHILE

Rentrons. Et pour troubler un hymen odieux,
1140 Consultons des fureurs[4] qu'autorisent les dieux.

Scène 2 CLYTEMNESTRE, ÆGINE.

CLYTEMNESTRE

Ægine, tu le vois, il faut que je la fuie.
Loin que ma fille pleure et tremble pour sa vie,
Elle excuse son père, et veut que ma douleur
Respecte encor la main qui lui perce le cœur.
1145 Ô constance ! ô respect ! Pour prix de sa tendresse,

---

1. **Troublant :** semant la discorde parmi.
2. **Ma prison :** ma captivité.
3. **La querelle :** les plaintes contre Troie.
4. **Fureurs :** passions déchaînées.

Le barbare, à l'autel, se plaint de sa paresse[1].
Je l'attends. Il viendra m'en demander raison[2],
Et croit pouvoir encor cacher sa trahison.
Il vient. Sans éclater[3] contre son injustice,
1150 Voyons s'il soutiendra son indigne artifice[4].

Scène 3 AGAMEMNON, CLYTEMNESTRE, ÆGINE.

AGAMEMNON

Que faites-vous, Madame ? et d'où vient que ces lieux
N'offrent point avec vous votre fille à mes yeux ?
Mes ordres par Arcas vous l'avaient demandée.
Qu'attend-elle ? Est-ce vous qui l'avez retardée ?
1155 À mes justes désirs ne vous rendez-vous pas ?
Ne peut-elle à l'autel marcher que sur vos pas ?
Parlez.

CLYTEMNESTRE

S'il faut partir, ma fille est toute prête.
Mais vous, n'avez-vous rien, Seigneur, qui vous arrête ?

AGAMEMNON

Moi, Madame ?

CLYTEMNESTRE

Vos soins ont-ils tout préparé ?

AGAMEMNON

1160 Calchas est prêt, Madame, et l'autel est paré.
J'ai fait ce que m'ordonne un devoir légitime.

---

1. **Paresse :** lenteur.
2. **M'en demander raison :** me demander des explications.
3. **Sans éclater :** sans laisser éclater ma colère.
4. **Artifice :** ruse.

Mademoiselle Georges (1787-1867) dans le rôle de Clytemnestre,
acte IV, scène 3.

CLYTEMNESTRE
Vous ne me parlez point, Seigneur, de la victime.

AGAMEMNON
Que me voulez-vous dire ? et de quel soin jaloux[1]...

Scène 4 IPHIGÉNIE, AGAMEMNON, CLYTEMNESTRE, ÆGINE.

CLYTEMNESTRE
Venez, venez, ma fille, on n'attend plus que vous ;
1165 Venez remercier un père qui vous aime,
Et qui veut à l'autel vous conduire lui-même.

AGAMEMNON
Que vois-je ? Quel discours ! Ma fille, vous pleurez,
Et baissez devant moi vos yeux mal assurés.
Quel trouble ! Mais tout pleure, et la fille et la mère.
1170 Ah ! malheureux Arcas, tu m'as trahi !

IPHIGÉNIE
               Mon père,
Cessez de vous troubler, vous n'êtes point trahi.
Quand vous commanderez, vous serez obéi.
Ma vie est votre bien. Vous voulez le reprendre :
Vos ordres sans détour pouvaient se faire entendre.
1175 D'un œil aussi content[2], d'un cœur aussi soumis
Que j'acceptais l'époux que vous m'aviez promis,
Je saurai, s'il le faut, victime obéissante,
Tendre au fer de Calchas une tête innocente,
Et respectant le coup par vous-même ordonné,

---

1. **Soin jaloux :** désir de se charger d'un projet toute seule.
2. **Content :** qui accepte son sort sans contester.

1180 Vous rendre tout le sang que vous m'avez donné.
Si pourtant ce respect, si cette obéissance
Paraît digne à vos yeux d'une autre récompense,
Si d'une mère en pleurs vous plaignez les ennuis[1],
J'ose vous dire ici qu'en l'état où je suis
1185 Peut-être assez d'honneurs environnaient ma vie
Pour ne pas souhaiter qu'elle me fût ravie,
Ni qu'en me l'arrachant un sévère destin
Si près de ma naissance en eût marqué la fin.
Fille d'Agamemnon, c'est moi qui la première,
1190 Seigneur, vous appelai de ce doux nom de père,
C'est moi qui, si longtemps le plaisir de vos yeux,
Vous ai fait de ce nom remercier les dieux,
Et pour qui tant de fois prodiguant vos caresses,
Vous n'avez point du sang dédaigné les faiblesses[2].
1195 Hélas ! avec plaisir je me faisais conter
Tous les noms des pays que vous allez dompter ;
Et déjà d'Ilion présageant la conquête,
D'un triomphe si beau je préparais la fête.
Je ne m'attendais pas que, pour le commencer,
1200 Mon sang fût le premier que vous dussiez verser.
Non que la peur du coup dont je suis menacée,
Me fasse rappeler votre bonté passée.
Ne craignez rien : mon cœur, de votre honneur jaloux[3],
Ne fera point rougir un père tel que vous ;
1205 Et si je n'avais eu que ma vie à défendre,
J'aurais su renfermer un souvenir si tendre.
Mais à mon triste sort, vous le savez, Seigneur,
Une mère, un amant, attachaient leur bonheur.
Un roi[4] digne de vous a cru voir la journée
1210 Qui devait éclairer notre illustre hyménée.
Déjà, sûr de mon cœur à sa flamme promis,
Il s'estimait heureux : vous me l'aviez permis.

---

1. **Ennuis :** souffrances.
2. **Faiblesses :** attendrissements.
3. **De votre honneur jaloux :** prenant soin de votre honneur.
4. **Un roi :** il s'agit d'Achille.

Il sait votre dessein ; jugez de ses alarmes.
Ma mère est devant vous, et vous voyez ses larmes.
1215   Pardonnez aux efforts que je viens de tenter
Pour prévenir les pleurs[1] que je leur vais coûter.

      AGAMEMNON

Ma fille, il est trop vrai : j'ignore pour quel crime
La colère des dieux demande une victime ;
Mais ils vous ont nommée. Un oracle cruel
1220   Veut qu'ici votre sang coule sur un autel.
Pour défendre vos jours de leurs lois meurtrières,
Mon amour n'avait pas attendu vos prières.
Je ne vous dirai point combien j'ai résisté :
Croyez-en cet amour par vous-même attesté.
1225   Cette nuit même encore, on a pu vous le dire,
J'avais révoqué l'ordre où[2] l'on me fit souscrire.
Sur l'intérêt des Grecs vous l'aviez emporté.
Je vous sacrifiais mon rang, ma sûreté,
Arcas allait du camp vous défendre l'entrée :
1230   Les dieux n'ont pas voulu qu'il vous ait rencontrée.
Ils ont trompé les soins d'un père infortuné
Qui protégeait en vain ce qu'ils ont condamné.
Ne vous assurez point sur[3] ma faible puissance :
Quel frein[4] pourrait d'un peuple arrêter la licence[5],
1235   Quand les dieux, nous livrant à son zèle indiscret[6],
L'affranchissent d'un joug qu'il portait à regret ?
Ma fille, il faut céder. Votre heure est arrivée.
Songez bien dans quel rang vous êtes élevée.
Je vous donne un conseil qu'à peine[7] je reçoi[8].
1240   Du coup qui vous attend vous mourrez moins que moi.

---

1. **Prévenir les pleurs :** anticiper les pleurs afin de les éviter.
2. **Où :** auquel.
3. **Ne vous assurez point sur :** ne vous fiez pas à.
4. **Frein :** le mors permet de diriger le cheval.
5. **Licence :** désobéissance.
6. **Indiscret :** sans retenue, exacerbé.
7. **À peine :** avec peine.
8. **Reçoi :** orthographe pour la rime.

Montrez, en expirant, de qui vous êtes née ;
Faites rougir[1] ces dieux qui vous ont condamnée.
Allez ; et que les Grecs, qui vont vous immoler,
Reconnaissent mon sang en le voyant couler.

CLYTEMNESTRE

1245 Vous ne démentez point une race[2] funeste :
Oui, vous êtes le sang d'Atrée et de Thyeste.
Bourreau de votre fille, il ne vous reste enfin
Que d'en faire à sa mère un horrible festin[3].
Barbare ! c'est donc là cet heureux sacrifice
1250 Que vos soins préparaient avec tant d'artifice !
Quoi ! l'horreur de souscrire à cet ordre inhumain
N'a pas, en le traçant, arrêté votre main ?
Pourquoi feindre à nos yeux une fausse tristesse ?
Pensez-vous par des pleurs prouver votre tendresse ?
1255 Où sont-ils ces combats que vous avez rendus[4] ?
Quels flots de sang pour elle avez-vous répandus ?
Quel débris parle ici de votre résistance ?
Quel champ couvert de morts me condamne au silence ?
Voilà par quels témoins il fallait me prouver,
1260 Cruel, que votre amour a voulu la sauver.
Un oracle fatal ordonne qu'elle expire :
Un oracle dit-il tout ce qu'il semble dire ?
Le ciel, le juste ciel, par le meurtre honoré,
Du sang de l'innocence est-il donc altéré ?
1265 Si du crime d'Hélène on punit sa famille,
Faites chercher à Sparte Hermione sa fille :
Laissez à Ménélas racheter d'un tel prix
Sa coupable moitié, dont il est trop épris.
Mais vous, quelles fureurs vous rendent sa victime[5] ?
1270 Pourquoi vous imposer la peine de son crime ?

---

1. **Rougir** : rougir de honte.
2. **Race** : lignée.
3. **Horrible festin** : allusion à Atrée, le père d'Agamemnon, qui fit manger à son frère Thyeste le corps de trois de ses fils.
4. **Rendus** : menés.
5. **Sa victime** : la victime d'Hélène.

Pourquoi moi-même enfin me déchirant le flanc[1],
Payer sa folle amour du plus pur de mon sang ?
Que dis-je ? cet objet de tant de jalousie,
Cette Hélène, qui trouble et l'Europe et l'Asie,
1275 Vous semble-t-elle un prix digne de vos exploits ?
Combien nos fronts pour elle ont-ils rougi de fois !
Avant qu'un nœud[2] fatal l'unît à votre frère,
Thésée avait osé l'enlever à son père.
Vous savez, et Calchas mille fois vous l'a dit,
1280 Qu'un hymen clandestin mit ce prince en son lit,
Et qu'il en eut pour gage[3] une jeune princesse
Que sa mère a cachée au reste de la Grèce.
Mais non : l'amour d'un frère[4] et son honneur blessé
Sont les moindres des soins dont vous êtes pressé[5].
1285 Cette soif de régner, que rien ne peut éteindre,
L'orgueil de voir vingt rois vous servir et vous craindre,
Tous les droits de l'empire en vos mains confiés,
Cruel, c'est à ces dieux que vous sacrifiez ;
Et loin de repousser le coup qu'on vous prépare,
1290 Vous voulez vous en faire un mérite barbare.
Trop jaloux d'un pouvoir qu'on peut vous envier,
De votre propre sang vous courez le payer,
Et voulez par ce prix épouvanter l'audace
De quiconque vous peut disputer votre place.
1295 Est-ce donc être père ? Ah ! toute ma raison
Cède à[6] la cruauté de cette trahison.
Un prêtre, environné d'une foule cruelle,
Portera sur ma fille une main criminelle ?
Déchirera son sein, et d'un œil curieux
1300 Dans son cœur palpitant consultera les dieux ?
Et moi, qui l'amenai triomphante, adorée,

---

1. **Le flanc :** image poétique pour désigner le corps de la mère.
2. **Nœud :** les liens du mariage.
3. **Pour gage :** pour fruit.
4. **L'amour d'un frère :** l'amour éprouvé pour un frère.
5. **Pressé :** préoccupé, angoissé.
6. **Cède à :** chancelle sous le poids de.

Je m'en retournerai seule et désespérée ?
Je verrai les chemins encor[1] tout parfumés
Des fleurs dont sous ses pas on les avait semés ?
1305 Non, je ne l'aurai point amenée au supplice,
Ou vous ferez aux Grecs un double sacrifice.
Ni crainte ni respect ne m'en peut détacher.
De mes bras tout sanglants il faudra l'arracher.
Aussi barbare époux qu'impitoyable père,
1310 Venez, si vous l'osez, la ravir à sa mère.
Et vous, rentrez, ma fille, et du moins à mes lois
Obéissez encor pour la dernière fois.

Mademoiselle Georges
et Mademoiselle Bourgoin, acte IV, scène 4.

---

1. **Encor** : orthographe pour les besoins de la métrique.

99

Clefs d'analyse

Compréhension

Une douloureuse scène de famille

- Observer en quoi les tirades d'Iphigénie et de Clytemnestre confirment leurs traits de caractère.
- Définir l'intérêt psychologique et dramatique de cette scène.

Les arguments d'Agamemnon

- Définir la visée et la composition de la tirade d'Agamemnon.
- Chercher comment Agamemnon justifie le sacrifice.

Réflexion

La piété filiale d'Iphigénie

- Analyser le but et la structure de la prière d'Iphigénie.
- Expliquer par quels procédés Iphigénie atténue sa demande (v. 1181-1188).

La fureur maternelle de Clytemnestre

- Analyser la structure de la tirade de Clytemnestre.
- Expliquer le principal argument de ce violent réquisitoire.

> ### À retenir
> *Le déroulement de l'action repose sur deux éléments : le nœud et l'intrigue. Le nœud est constitué par le choix que doit faire un personnage, confronté à tout un jeu de relations psychologiques, sentimentales, politiques et historiques. Il est, comme le rappelle sa signification métaphorique, le point de rencontre entre les difficultés que connaît le héros et les différentes solutions qui s'offrent à lui. L'action dramatique se construit autour du nœud, et son déroulement constitue l'intrigue.*

Clefs d'analyse

Scène 5 Agamemnon, *seul.*

À de moindres fureurs je n'ai pas dû[1] m'attendre.
Voilà, voilà les cris que je craignais d'entendre.
1315 Heureux si[2], dans le trouble où flottent mes esprits,
Je n'avais toutefois à craindre que ses cris !
Hélas ! en m'imposant une loi si sévère,
Grands dieux, me deviez-vous laisser un cœur de père ?

Scène 6 Agamemnon, Achille.

Achille

Un bruit assez étrange est venu jusqu'à moi,
1320 Seigneur ; je l'ai jugé trop peu digne de foi.
On dit, et sans horreur je ne puis le redire,
Qu'aujourd'hui par votre ordre Iphigénie expire,
Que vous-même, étouffant tout sentiment humain,
Vous l'allez à Calchas livrer de votre main.
1325 On dit que sous mon nom à l'autel appelée,
Je ne l'y conduisais que pour être immolée ;
Et que d'un faux hymen nous abusant[3] tous deux,
Vous vouliez me charger d'un emploi[4] si honteux.
Qu'en dites-vous, Seigneur ? Que faut-il que j'en pense ?
1330 Ne ferez-vous pas taire un bruit[5] qui vous offense ?

---

1. **Je n'ai pas dû :** je n'aurais pas dû.
2. **Heureux si :** je serais heureux si.
3. **D'un faux hymen nous abusant :** nous trompant par le moyen d'un faux mariage.
4. **Emploi :** rôle.
5. **Un bruit :** une rumeur.

AGAMEMNON

Seigneur, je ne rends point compte de mes desseins.
Ma fille ignore encor mes ordres souverains ;
Et quand il sera temps qu'elle en soit informée,
Vous apprendrez son sort, j'en instruirai l'armée.

ACHILLE

1335 Ah ! je sais trop le sort que vous lui réservez.

AGAMEMNON

Pourquoi le demander, puisque vous le savez ?

ACHILLE

Pourquoi je le demande ? Ô ciel ! le puis-je croire,
Qu'on ose des fureurs[1] avouer la plus noire ?
Vous pensez qu'approuvant vos desseins odieux,
1340 Je vous laisse immoler votre fille à mes yeux ?
Que ma foi, mon amour, mon honneur y consente ?

AGAMEMNON

Mais vous, qui me parlez d'une voix menaçante,
Oubliez-vous ici qui vous interrogez ?

ACHILLE

Oubliez-vous qui j'aime, et qui vous outragez ?

AGAMEMNON

1345 Et qui vous a chargé du soin de ma famille ?
Ne pourrai-je, sans vous, disposer de ma fille ?
Ne suis-je plus son père ? Etes-vous son époux ?
Et ne peut-elle...

ACHILLE

         Non, elle n'est plus à vous.
On ne m'abuse point par des promesses vaines.
1350 Tant qu'un reste de sang coulera dans mes veines
Vous deviez à mon sort unir tous ses moments :
Je défendrai mes droits fondés sur vos serments.
Et n'est-ce pas pour moi que vous l'avez mandée[2] ?

---

1. **Fureurs :** passions déchaînées.
2. **Mandée :** fait venir.

AGAMEMNON

Plaignez-vous donc aux dieux qui me l'ont demandée :
1355 Accusez et Calchas et le camp tout entier,
Ulysse, Ménélas, et vous tout le premier.

ACHILLE

Moi ?

AGAMEMNON

Vous, qui de l'Asie embrassant[1] la conquête,
Querellez tous les jours le ciel[2] qui vous arrête ;
Vous, qui vous offensant de mes justes terreurs,
1360 Avez dans tout le camp répandu vos fureurs.
Mon cœur pour la sauver vous ouvrait une voie[3] ;
Mais vous ne demandez, vous ne cherchez que Troie.
Je vous fermais le champ où vous voulez courir ;
Vous le voulez, partez : sa mort va vous l'ouvrir.

ACHILLE

1365 Juste ciel ! puis-je entendre et souffrir[4] ce langage ?
Est-ce ainsi qu'au parjure[5] on ajoute l'outrage ?
Moi, je voulais partir aux dépens de ses jours ?
Et que m'a fait à moi cette Troie où je cours ?
Au pied de ses remparts quel intérêt m'appelle ?
1270 Pour qui, sourd à la voix d'une mère immortelle,
Et d'un père éperdu négligeant les avis,
Vais-je y chercher la mort tant prédite à leur fils[6] ?
Jamais vaisseaux partis des rives du Scamandre[7]
Aux champs thessaliens[8] osèrent-ils descendre ?

---

1. **Embrassant :** s'appropriant.
2. **Vous, qui [...] querellez [...] le ciel :** vous qui vous emportez contre le ciel.
3. **Vous ouvrait une voie :** vous proposait une solution.
4. **Souffrir :** supporter.
5. **Parjure :** fait de violer son serment (Agamemnon avait promis de marier Iphigénie et Achille).
6. **Fils :** allusion à l'oracle qui annonce qu'Achille mourra en cherchant la gloire militaire.
7. **Scamandre :** autre nom du Xanthe, fleuve qui coule dans la région de Troie.
8. **Thessaliens :** Achille est roi de Thessalie.

1375 Et jamais dans Larisse[1] un lâche ravisseur
Me vint-il enlever ou ma femme ou ma sœur ?
Qu'ai-je[2] à me plaindre ? Où sont les pertes que j'ai faites ?
Je n'y vais que pour vous, barbare que vous êtes,
Pour vous, à qui des Grecs moi seul je ne dois rien,
1380 Vous, que j'ai fait nommer et leur chef et le mien,
Vous que mon bras vengeait dans Lesbos enflammée,
Avant que vous eussiez assemblé votre armée.
Et quel fut le dessein qui nous assembla tous ?
Ne courons-nous pas rendre Hélène à son époux ?
1385 Depuis quand pense-t-on qu'inutile à moi-même[3]
Je me laisse ravir une épouse que j'aime ?
Seul d'un honteux affront votre frère blessé
A-t-il droit de venger son amour offensé ?
Votre fille me plut, je prétendis lui plaire ;
1390 Elle est de mes serments seule dépositaire.
Content de son hymen, vaisseaux, armes, soldats,
Ma foi[4] lui promit[5] tout, et rien à Ménélas.
Qu'il poursuive, s'il veut, son épouse enlevée,
Qu'il cherche une victoire à mon sang réservée.
1395 Je ne connais Priam, Hélène, ni Pâris ;
Je voulais votre fille, et ne pars qu'à ce prix.

AGAMEMNON

Fuyez donc. Retournez dans votre Thessalie.
Moi-même je vous rends le serment qui vous lie.
Assez d'autres viendront, à mes ordres soumis,
1400 Se couvrir des lauriers qui vous furent promis,
Et, par d'heureux exploits forçant la destinée,
Trouveront d'Ilion la fatale journée[6].
J'entrevois vos mépris et juge à vos discours

---

1. **Larisse :** capitale de la Thessalie.
2. **Qu'ai-je :** de quoi ai-je.
3. **Inutile à moi-même :** ne prenant pas soin de mes propres intérêts.
4. **Foi :** fidélité à ses engagements.
5. **Promit :** prédit par l'oracle.
6. **La fatale journée :** le jour qui consacrera la défaite de Troie.

Combien j'achèterais vos superbes[1] secours.
1405 De la Grèce déjà vous vous rendez l'arbitre :
Ses rois, à vous ouïr, m'ont paré d'un vain titre.
Fier de votre valeur, tout, si je vous en crois,
Doit marcher, doit fléchir, doit trembler sous vos lois.
Un bienfait reproché[2] tint toujours lieu d'offense.
1410 Je veux moins de valeur et plus d'obéissance.
Fuyez. Je ne crains point votre impuissant courroux,
Et je romps tous les nœuds[3] qui m'attachent à vous.

ACHILLE

Rendez grâce au seul nœud qui retient ma colère :
D'Iphigénie encor[4] je respecte le père.
1415 Peut-être, sans ce nom, le chef de tant de rois
M'aurait osé braver pour la dernière fois.
Je ne dis plus qu'un mot ; c'est à vous de m'entendre[5].
J'ai votre fille ensemble[6] et ma gloire à défendre.
Pour aller jusqu'au cœur que vous voulez percer,
1420 Voilà par quel chemin vos coups doivent passer.

Scène 7   AGAMEMNON, *seul.*

Et voilà ce qui rend sa perte inévitable.
Ma fille toute seule était plus redoutable.
Ton insolent amour, qui croit m'épouvanter,

---

1. **Superbes :** remplis d'orgueil.
2. **Un bienfait reproché :** allusion aux services qu'Achille a rendus à Agamemnon et qu'il lui reproche à présent.
3. **Nœuds :** liens.
4. **Encor :** orthographe pour les besoins de la métrique.
5. **Entendre :** comprendre.
6. **Ensemble :** à la fois.

Vient de hâter le coup que tu veux arrêter.
1425 Ne délibérons plus. Bravons sa violence.
Ma gloire intéressée[1] emporte la balance[2].
Achille menaçant détermine mon cœur :
Ma pitié semblerait un effet de ma peur.
Holà, Gardes, à moi !

Scène 8   AGAMEMNON, EURYBATE, GARDES.

EURYBATE
Seigneur.

AGAMEMNON
Que vais-je faire ?
1430 Puis-je leur prononcer cet ordre sanguinaire ?
Cruel ! à quel combat faut-il te préparer ?
Quel est cet ennemi que tu leur vas livrer ?
Une mère m'attend, une mère intrépide,
Qui défendra son sang contre un père homicide.
1435 Je verrai mes soldats, moins barbares que moi,
Respecter dans ses bras la fille de leur roi.
Achille nous menace, Achille nous méprise ;
Mais ma fille en est-elle à mes lois moins soumise ?
Ma fille, de l'autel cherchant à s'échapper,
1440 Gémit-elle du coup dont je la veux frapper ?
Que dis-je ? Que prétend mon sacrilège zèle ?
Quels vœux, en l'immolant, formerai-je sur elle[3] ?
Quelques prix glorieux qui me soient proposés,

---

1. **Intéressée :** qui est concernée.
2. **Emporte la balance :** fait pencher la balance de son côté.
3. **Sur elle :** sur son cadavre.

106

Quels lauriers[1] me plairont de son sang arrosés ?
1445 Je veux fléchir des dieux la puissance suprême.
Ah ! quels dieux me seraient plus cruels que moi-même ?
Non, je ne puis. Cédons au sang, à l'amitié[2],
Et ne rougissons plus d'une juste pitié.
Qu'elle vive. Mais quoi ? peu jaloux de[3] ma gloire,
1450 Dois-je au superbe[4] Achille accorder la victoire ?
Son téméraire orgueil, que je vais redoubler[5],
Croira que je lui cède, et qu'il m'a fait trembler.
De quel frivole soin[6] mon esprit s'embarrasse !
Ne puis-je pas d'Achille humilier l'audace ?
1455 Que ma fille à ses yeux soit un sujet d'ennui[7].
Il l'aime. Elle vivra pour un autre que lui.
Eurybate, appelez la princesse, la reine.
Qu'elles ne craignent point.

Scène 9   AGAMEMNON, GARDES.

AGAMEMNON

Grands dieux ! si votre haine
Persévère à vouloir l'arracher de mes mains,
1460 Que peuvent devant vous tous les faibles humains ?
Loin de la secourir, mon amitié l'opprime[8],

---

1. **Lauriers :** les lauriers sont symbole de gloire.
2. **Amitié :** tendresse paternelle.
3. **Jaloux de :** attaché à.
4. **Superbe :** orgueilleux.
5. **Redoubler :** renforcer.
6. **Soin :** souci.
7. **Ennui :** souffrance.
8. **L'opprime :** la met en danger.

Je le sais ; mais, grands dieux, une telle victime
Vaut bien que confirmant vos rigoureuses lois,
Vous me la demandiez une seconde fois.

Scène 10
 AGAMEMNON, CLYTEMNESTRE,
IPHIGÉNIE, ÉRIPHILE, EURYBATE,
DORIS, GARDES.

AGAMEMNON

1465 Allez, Madame, allez, prenez soin de sa vie.
Je vous rends votre fille, et je vous la confie.
Loin de ces lieux cruels précipitez ses pas[1] ;
Mes gardes vous suivront, commandés par Arcas :
Je veux bien excuser son heureuse[2] imprudence.
1470 Tout dépend du secret et de la diligence[3].
Ulysse ni Calchas n'ont point encor parlé ;
Gardez[4] que ce départ ne leur soit révélé.
Cachez bien votre fille, et que tout le camp croie
Que je la retiens seule, et que je vous renvoie.
1475 Fuyez. Puissent les dieux, de mes larmes contents,
À mes tristes regards ne l'offrir de longtemps !
Gardes, suivez la reine.

CLYTEMNESTRE
Ah ! Seigneur !

---

1. **Précipitez ses pas :** accélérez son départ.
2. **Heureuse :** bienvenue (puisque la trahison d'Arcas permet de sauver Iphigénie).
3. **Diligence :** rapidité.
4. **Gardez :** prenez garde.

IPHIGÉNIE

Ah ! mon père !

AGAMEMNON

Prévenez[1] de Calchas l'empressement sévère.
Fuyez, vous dis-je. Et moi, pour vous favoriser,
1480 Par de feintes raisons je m'en vais l'abuser[2] ;
Je vais faire suspendre une pompe[3] funeste,
Et de ce jour au moins lui demander le reste.

Scène 11 ÉRIPHILE, DORIS.

ÉRIPHILE

Suis-moi. Ce n'est pas là, Doris, notre chemin.

DORIS

Vous ne les suivez pas ?

ÉRIPHILE

Ah ! je succombe enfin.
1485 Je reconnais l'effet des tendresses d'Achille.
Je n'emporterai point une rage inutile.
Plus de raisons[4]. Il faut ou la perdre[5] ou périr.
Viens, te dis-je. À Calchas je vais tout découvrir[6].

---

1. **Prévenez :** devancez, afin de l'éviter.
2. **Abuser :** tromper.
3. **Pompe :** faste solennel.
4. **Plus de raisons :** assez raisonné.
5. **La perdre :** causer sa mort.
6. **Découvrir :** révéler.

Synthèse Acte IV

L'acte de l'exaspération tragique

Personnages

Les victimes du conflit tragique

La tension ne cesse de croître au cours de l'acte IV : l'étau tragique semble en effet se resserrer autour d'Iphigénie. De fait, que ce soit face à une Clytemnestre furieuse, face à une Iphigénie tendre et soumise (scène 4) ou face à un Achille ne maîtrisant ni sa colère ni son mépris (scène 6), Agamemnon affirme plus que jamais sa décision d'accomplir la volonté des dieux – décision qu'il confirme dans le court monologue de la scène 7.

Mais l'acte se termine par un coup de théâtre : par un nouveau revirement, Agamemnon décide d'épargner sa fille et de ne plus la marier à Achille, qu'il punit ainsi de ses propos insultants. Certes, Agamemnon va même jusqu'à organiser la fuite secrète d'Iphigénie (scène 10). Pourtant, Iphigénie est loin d'être hors de danger. D'une part, Calchas, qu'Ériphile court avertir, risque fort de réclamer le sacrifice prévu (scène 11). D'autre part, l'armée, avec sa superstition populaire et son désir de conquête, ne risque-t-elle pas de l'exiger aussi, sitôt que lui sera dévoilé l'oracle ? Dès lors, l'issue des événements se résume à la question de savoir si Iphigénie aura le temps de fuir avant qu'Ériphile ne prévienne Calchas. Pour le spectateur, qui se demande si l'ultime stratégie de défense d'Agamemnon va réussir, le suspense reste donc entier.

Langage

Les affrontements verbaux

À l'instar du spectateur, qui a été à plusieurs reprises témoin des accès de faiblesse et de souffrance d'Agamemnon, les protagonistes peuvent encore espérer un revirement de sa part. À l'acte IV, la situation est encore ouverte, d'autant plus que l'on sait le roi lâche et influençable. Il n'est donc pas étonnant de voir se multiplier les scènes au cours desquelles Agamemnon se trouve confronté à des interlocuteurs qui, conscients que le roi peut encore changer d'avis, essaient de peser sur sa décision définitive.

Qu'il s'agisse d'Iphigénie, qui intercède en faveur d'une mère et d'un amant à qui elle voudrait épargner la souffrance de la voir mourir, de

Clytemnestre, prête à tout pour sauver sa fille, ou d'Achille, qui finit par jurer que, pour sacrifier Iphigénie, il faudra d'abord le tuer, tous déploient face à Agamemnon différentes stratégies argumentatives, qui ont un même but : le persuader de renoncer à sacrifier sa fille. L'acte IV se caractérise donc par la succession de morceaux de bravoure rhétoriques.

Société

> *Le thème du sacrifice, omniprésent dans la culture chrétienne*

Le thème central du sacrifice – celui d'une victime innocente et pure – crée une atmosphère oppressante : l'univers d'*Iphigénie* apparaît gouverné par des forces divines impitoyables, auxquelles il faut céder. De fait, tout au long de la pièce, les dieux, qui sont omniprésents dans le discours des personnages, apparaissent exigeants, menaçants et tout-puissants.

Si *Iphigénie* a tant plu aux contemporains de Racine, c'est que le thème du sacrifice voulu par Dieu leur est familier. D'une part, ils connaissent bien les épisodes bibliques de l'Ancien Testament, qu'il s'agisse d'Abraham se résolvant à sacrifier son fils Isaac ou de Jephté se résignant à sacrifier sa fille. D'autre part, les contemporains de Racine, hantés par la peur des punitions divines, acceptent les épreuves et les souffrances comme autant de sacrifices visant à se faire pardonner leurs péchés. Certes, il ne s'agit plus, comme au temps des Grecs, d'immoler des personnes humaines sur un autel. Mais il s'agit bien, pour la créature terrestre, de renoncer à tout ce qui la détourne du Dieu créateur.

Synthèse

ACTE V
Scène 1 IPHIGÉNIE, ÆGINE.

IPHIGÉNIE

Cesse de m'arrêter. Va, retourne à¹ ma mère,
1490 Ægine : il faut des dieux apaiser la colère.
Pour ce sang malheureux qu'on veut leur dérober,
Regarde quel orage est tout prêt à tomber.
Considère l'état où² la reine est réduite ;
Vois comme tout le camp s'oppose à notre fuite ;
1495 Avec quelle insolence ils ont de toutes parts
Fait briller à nos yeux la pointe de leurs dards³.
Nos gardes repoussés, la reine évanouie...
Ah ! c'est trop l'exposer, souffre⁴ que je la fuie,
Et sans attendre ici ses secours impuissants,
1500 Laisse-moi profiter du trouble de ses sens⁵.
Mon père même, hélas ! puisqu'il faut te le dire,
Mon père, en me sauvant, ordonne que j'expire.

ÆGINE

Lui, Madame ? Quoi donc ? Qu'est-ce qui s'est passé ?

IPHIGÉNIE

Achille trop ardent l'a peut-être offensé ;
1505 Mais le roi, qui le hait, veut que je le haïsse ;
Il ordonne à mon cœur cet affreux sacrifice.
Il m'a fait par Arcas expliquer ses souhaits⁶ :
Ægine, il me défend de lui parler jamais.

---

1. **Retourne à :** retourne vers.
2. **L'état où :** l'état auquel.
3. **Dards :** lances.
4. **Souffre :** accepte.
5. **Du trouble de ses sens :** de son évanouissement.
6. **Souhaits :** volontés.

ÆGINE

Ah ! Madame !

IPHIGÉNIE

Ah, sentence ! ah, rigueur inouïe !
1510 Dieux plus doux, vous n'avez demandé que ma vie.
Mourons, obéissons. Mais qu'est-ce que je voi[1] ?
Dieux ! Achille !

Scène 2 ACHILLE, IPHIGÉNIE.

ACHILLE

Venez, Madame, suivez-moi.
Ne craignez ni les cris ni la foule impuissante
D'un peuple qui se presse autour de cette tente.
1515 Paraissez ; et bientôt, sans attendre mes coups,
Ces flots tumultueux[2] s'ouvriront devant vous.
Patrocle, et quelques chefs qui marchent à ma suite,
De mes Thessaliens vous amènent l'élite.
Tout le reste, assemblé près de mon étendard,
1520 Vous offre de ses rangs l'invincible rempart.
À vos persécuteurs opposons cet asile[3].
Qu'ils viennent vous chercher sous les tentes d'Achille.
Quoi ! Madame, est-ce ainsi que vous me secondez ?
Ce n'est que par des pleurs que vous me répondez.
1525 Vous fiez-vous encore à de si faibles armes ?
Hâtons-nous : votre père a déjà vu vos larmes.

---

1. **Voi :** orthographe pour la rime.
2. **Ces flots tumultueux :** métaphore maritime pour désigner les mouvements de foule.
3. **Asile :** refuge.

IPHIGÉNIE

Je le sais bien, Seigneur. Aussi tout mon espoir
N'est plus qu'au coup mortel que je vais recevoir.

ACHILLE

Vous, mourir ? Ah ! cessez de tenir ce langage.
1530 Songez-vous quel serment vous et moi nous engage ?
Songez-vous, pour trancher[1] d'inutiles discours,
Que le bonheur d'Achille est fondé sur vos jours ?

IPHIGÉNIE

Le ciel n'a point aux jours de cette infortunée
Attaché le bonheur de votre destinée.
1535 Notre amour nous trompait, et les arrêts du sort
Veulent que ce bonheur soit un fruit de ma mort.
Songez, Seigneur, songez à ces moissons de gloire
Qu'à vos vaillantes mains présente la victoire.
Ce champ si glorieux où vous aspirez tous,
1540 Si mon sang ne l'arrose, est stérile pour vous.
Telle est la loi des dieux à mon père dictée.
En vain, sourd à Calchas, il l'avait rejetée :
Par la bouche des Grecs contre moi conjurés
Leurs ordres éternels se sont trop déclarés.
1545 Partez : à vos honneurs j'apporte trop d'obstacles.
Vous-même dégagez la foi de vos oracles[2] :
Signalez[3] ce héros à la Grèce promis ;
Tournez votre douleur contre ses ennemis.
Déjà Priam pâlit, déjà Troie en alarmes
1550 Redoute mon bûcher, et frémit de vos larmes.
Allez ; et dans ces murs vides de citoyens,
Faites pleurer ma mort aux veuves des Troyens.
Je meurs dans cet espoir, satisfaite et tranquille.
Si je n'ai pas vécu la compagne d'Achille,
1555 J'espère que du moins un heureux avenir
À vos faits immortels joindra mon souvenir,

---

1. **Trancher :** mettre un terme à.
2. **Dégagez la foi de vos oracles :** allez accomplir la promesse des oracles.
3. **Signalez :** faites connaître à tous.

Et qu'un jour mon trépas, source de votre gloire,
Ouvrira le récit d'une si belle histoire.
Adieu, Prince, vivez, digne race des dieux.

ACHILLE

1560 Non, je ne reçois point[1] vos funestes adieux.
En vain par ce discours, votre cruelle adresse
Veut servir votre père et tromper ma tendresse.
En vain vous prétendez, obstinée à mourir,
Intéresser ma gloire[2] à vous laisser périr :
1565 Ces moissons de lauriers, ces honneurs, ces conquêtes,
Ma main, en vous servant, les trouve toutes prêtes.
Et qui de ma faveur se voudrait honorer,
Si mon hymen prochain ne peut vous assurer[3] ?
Ma gloire, mon amour vous ordonnent de vivre.
1570 Venez, Madame ; il faut les en croire, et me suivre.

IPHIGÉNIE

Qui ? moi ? que contre un père osant me révolter,
Je mérite la mort que j'irais éviter ?
Où serait le respect ? Et ce devoir suprême ...

ACHILLE

Vous suivrez un époux avoué[4] par lui-même.
1575 C'est un titre qu'en vain il prétend me voler :
Ne fait-il des serments que pour les violer ?
Vous-même, que retient un devoir si sévère,
Quand il vous donne à moi, n'est-il point votre père ?
Suivez-vous seulement ses ordres absolus
1580 Quand il cesse de l'être, et ne vous connaît plus[5] ?
Enfin, c'est trop tarder, ma princesse, et ma crainte...

---

1. **Je ne reçois point :** je n'accepte pas.
2. **En vain [...] ma gloire :** en vain vous prétendez que ma gloire aurait intérêt à.
3. **Assurer :** protéger.
4. **Avoué :** reconnu.
5. **Ne vous connaît plus :** ne vous regarde plus comme sa fille.

Iphigénie

Quoi ? Seigneur, vous iriez jusques à la contrainte ?
D'un coupable transport[1] écoutant la chaleur[2],
Vous pourriez ajouter ce comble à mon malheur ?
1585 Ma gloire[3] vous serait moins chère que ma vie ?
Ah, Seigneur, épargnez la triste Iphigénie.
Asservie à des lois que j'ai dû[4] respecter,
C'est déjà trop pour moi que de vous écouter :
Ne portez pas plus loin votre injuste victoire,
1590 Ou par mes propres mains immolée à ma gloire,
Je saurai m'affranchir[5], dans ces extrémités[6],
Du secours dangereux que vous me présentez[7].

Achille

Hé bien ! n'en parlons plus. Obéissez, cruelle,
Et cherchez une mort qui vous semble si belle.
1595 Portez à votre père un cœur où j'entrevoi[8]
Moins de respect pour lui que de haine pour moi.
Une juste fureur s'empare de mon âme.
Vous allez à l'autel, et moi, j'y cours, Madame.
Si de sang et de morts le ciel est affamé,
1600 Jamais de plus de sang ses autels n'ont fumé.
À mon aveugle amour tout sera légitime.
Le prêtre deviendra la première victime ;
Le bûcher, par mes mains détruit et renversé,
Dans le sang des bourreaux nagera dispersé,
1605 Et si dans les horreurs de ce désordre extrême
Votre père frappé tombe et périt lui-même,

---

1. **Transport :** mouvement passionné.
2. **Chaleur :** ardeur, violence.
3. **Ma gloire :** mon honneur.
4. **J'ai dû :** j'aurais dû.
5. **M'affranchir :** me libérer.
6. **Dans ces extrémité :** dans cette situation extrême.
7. **Que vous me présentez :** que vous me proposez.
8. **Entrevoi :** orthographe pour la rime.

Alors, de vos respects voyant les tristes fruits,
Reconnaissez les coups que vous aurez conduits[1].

IPHIGÉNIE

Ah ! Seigneur. Ah ! cruel... Mais il fuit, il m'échappe.
1610 Ô toi, qui veux ma mort, me voilà seule, frappe,
Termine, juste ciel, ma vie et mon effroi,
Et lance ici des traits[2] qui n'accablent que moi.

Scène 3 CLYTEMNESTRE, IPHIGÉNIE, ÆGINE, EURYBATE, GARDES.

CLYTEMNESTRE

Oui, je la défendrai contre toute l'armée.
Lâches, vous trahissez votre reine opprimée !

EURYBATE

1615 Non, Madame, il suffit que vous me commandiez.
Vous nous verrez combattre et mourir à vos pieds.
Mais de nos faibles mains que pouvez-vous attendre ?
Contre tant d'ennemis qui vous pourra défendre ?
Ce n'est plus un vain[3] peuple en désordre assemblé ;
1620 C'est d'un zèle[4] fatal tout le camp aveuglé.
Plus de pitié. Calchas seul règne, seul commande :
La piété sévère[5] exige son offrande.
Le roi de son pouvoir se voit déposséder,
Et lui-même au torrent nous contraint de céder.

---

1. **Que vous aurez conduits :** dont vous êtes responsable.
2. **Traits :** armes de jet.
3. **Vain :** sans importance.
4. **Zèle :** état d'exaltation excessif.
5. **Sévère :** sans aucune indulgence.

1625   Achille à qui tout cède, Achille à cet orage
    Voudrait lui-même en vain opposer son courage.
    Que fera-t-il, Madame ? et qui peut dissiper
    Tous les flots d'ennemis prêts à l'envelopper ?

CLYTEMNESTRE

    Qu'ils viennent donc sur moi prouver leur zèle impie[1],
1630   Et m'arrachent ce peu qui me reste de vie.
    La mort seule, la mort pourra rompre les nœuds[2]
    Dont mes bras nous vont joindre et lier toutes deux.
    Mon corps sera plutôt séparé de mon âme,
    Que je souffre jamais... Ah ! ma fille.

IPHIGÉNIE

                 Ah ! Madame,
1635   Sous quel astre[3] cruel avez-vous mis au jour
    Le malheureux objet[4] d'une si tendre amour[5] ?
    Mais que pouvez-vous faire en l'état où nous sommes ?
    Vous avez à combattre et les dieux et les hommes.
    Contre un peuple en fureur vous exposerez-vous ?
1640   N'allez point, dans un camp rebelle à votre époux,
    Seule à me retenir vainement obstinée,
    Par des soldats peut-être indignement traînée,
    Présenter, pour tout fruit d'un déplorable effort,
    Un spectacle à mes yeux plus cruel que la mort.
1645   Allez : laissez aux Grecs[6] achever leur ouvrage,
    Et quittez pour jamais un malheureux rivage.
    Du bûcher qui m'attend, trop voisin de ces lieux,
    La flamme de trop près viendrait frapper vos yeux.
    Surtout, si vous m'aimez, par cet amour de mère,
1650   Ne reprochez jamais mon trépas à mon père.

---

1. **Impie :** qui ne respecte pas les valeurs humaines les plus sacrées.
2. **Nœuds :** liens.
3. **Sous quel astre :** le destin dépend des astres.
4. **Objet :** la personne aimée ; il s'agit d'Iphigénie.
5. **Une si tendre amour :** le mot « amour », au XVIIe siècle, peut être employé au féminin et au masculin.
6. **Laissez aux Grecs :** laissez les Grecs.

CLYTEMNESTRE
Lui ! par qui votre cœur à Calchas présenté...

IPHIGÉNIE
Pour me rendre à vos pleurs que n'a-t-il point tenté ?

CLYTEMNESTRE
Par quelle trahison le cruel m'a déçue[1] !

IPHIGÉNIE
Il me cédait aux dieux, dont il m'avait reçue.
1655 Ma mort n'emporte pas tout le fruit de vos feux[2] :
De l'amour qui vous joint vous avez d'autres nœuds[3] ;
Vos yeux me reverront dans Oreste mon frère.
Puisse-t-il être, hélas ! moins funeste à sa mère[4] !
D'un peuple impatient vous entendez la voix.
1660 Daignez m'ouvrir vos bras pour la dernière fois,
Madame, et rappelant votre vertu sublime[5]...
Eurybate, à l'autel conduisez la victime.

Scène 4 CLYTEMNESTRE, ÆGINE, GARDES.

CLYTEMNESTRE
Ah ! vous n'irez pas seule ; et je ne prétends pas...
Mais on se jette en foule au-devant de mes pas...
1665 Perfides ! contentez votre soif sanguinaire.

---

1. **M'a déçue :** m'a trompée.
2. **Le fruit de vos feux :** le fruit de vos amours, c'est-à-dire Iphigénie elle-même.
3. **Nœuds :** liens.
4. **Mère :** selon la légende grecque, Oreste tuera sa mère Clytemnestre avec l'aide de sa sœur Électre pour venger le meurtre d'Agamemnon.
5. **Sublime :** digne d'admiration.

ÆGINE

Où courez-vous, Madame ? et que voulez-vous faire ?

CLYTEMNESTRE

Hélas ! je me consume en impuissants efforts,
Et rentre au[1] trouble affreux dont à peine je sors.
Mourrai-je tant de fois sans sortir de la vie[2] ?

ÆGINE

1670 Ah ! savez-vous le crime, et qui vous a trahie,
Madame ? Savez-vous quel serpent inhumain
Iphigénie avait retiré dans son sein ?
Ériphile, en ces lieux par vous-même conduite,
A seule à tous les Grecs révélé votre fuite.

CLYTEMNESTRE

1675 Ô monstre, que Mégère[3] en ses flancs a porté !
Monstre, que dans nos bras les enfers ont jeté !
Quoi ? tu ne mourras point ? Quoi ? pour punir son crime...
Mais où va ma douleur chercher une victime ?
Quoi ! pour noyer les Grecs et leurs mille vaisseaux,
1680 Mer, tu n'ouvriras pas des abîmes nouveaux ?
Quoi ! lorsque, les chassant du port qui les recèle,
L'Aulide aura vomi leur flotte criminelle,
Les vents, les mêmes vents, si longtemps accusés,
Ne te couvriront pas de ses vaisseaux brisés ?
1685 Et toi, Soleil, et toi, qui dans cette contrée
Reconnais l'héritier et le vrai fils d'Atrée,
Toi, qui n'osas du père éclairer le festin[4],
Recule, ils t'ont appris ce funeste chemin.
Mais cependant, ô ciel ! ô mère infortunée !

---

1. **Rentre au :** retombe dans.
2. **Sortir de la vie :** mourir.
3. **Mégère :** dans la mythologie, c'est l'une des trois Furies, divinités infernales dont la fonction est de tourmenter les humains.
4. **Festin :** selon la légende grecque, le Soleil, horrifié par les crimes commis par Atrée, qui avait servi à son frère Thyeste la chair de ses enfants, avait dévié sa trajectoire.

1690 De festons[1] odieux ma fille couronnée
Tend la gorge aux couteaux par son père apprêtés.
Calchas va dans son sang... Barbares, arrêtez !
C'est le pur sang du dieu qui lance le tonnerre[2]...
J'entends gronder la foudre, et sens trembler la terre.
1695 Un dieu vengeur, un dieu fait retentir ces coups.

Scène 5 CLYTEMNESTRE, ULYSSE, ARCAS, ÆGINE, GARDES.

ARCAS

N'en doutez point, Madame, un dieu combat pour vous.
Achille en ce moment exauce vos prières ;
Il a brisé des Grecs les trop faibles barrières.
Achille est à l'autel. Calchas est éperdu[3].
1700 Le fatal sacrifice est encor suspendu.
On se menace, on court, l'air gémit, le fer brille.
Achille fait ranger autour de votre fille
Tous ses amis, pour lui prêts à se dévouer[4].
Le triste Agamemnon, qui n'ose l'avouer[5],
1705 Pour détourner ses yeux des meurtres qu'il présage,
Ou pour cacher ses pleurs, s'est voilé le visage.
Venez, puisqu'il se tait, venez, par vos discours,
De votre défenseur appuyer le secours.
Lui-même de sa main, de sang toute fumante,

---

1. **Festons :** ornements fait de fleurs et de bandelettes, dont on parait les victimes des sacrifices.
2. **Tonnerre :** c'est l'attribut de Zeus, aïeul de Clytemnestre.
3. **Éperdu :** rempli de panique.
4. **Se dévouer :** donner leur vie.
5. **Avouer :** approuver.

1710 Il veut entre vos bras remettre son amante ;
Lui-même il m'a chargé de conduire vos pas.
Ne craignez rien.

CLYTEMNESTRE

Moi, craindre ? Ah, courons, cher Arcas !
Le plus affreux péril n'a rien dont je pâlisse.
J'irai partout... Mais, dieux ! ne vois-je pas Ulysse ?
1715 C'est lui : ma fille est morte ! Arcas, il n'est plus temps.

Scène 6 ULYSSE, CLYTEMNESTRE, ARCAS, ÆGINE, GARDES.

ULYSSE

Non, votre fille vit, et les dieux sont contents.
Rassurez-vous. Le ciel a voulu vous la rendre.

CLYTEMNESTRE

Elle vit ! Et c'est vous qui venez me l'apprendre !

ULYSSE

Oui, c'est moi, qui longtemps contre elle et contre vous
1720 Ai cru devoir, Madame, affermir votre époux ;
Moi qui, jaloux[1] tantôt[2] de l'honneur de nos armes,
Par d'austères conseils ai fait couler vos larmes,
Et qui viens, puisque enfin le ciel est apaisé,
Réparer tout l'ennui[3] que je vous ai causé.

CLYTEMNESTRE

1725 Ma fille ! Ah, Prince ! Ô ciel ! Je demeure éperdue.
Quel miracle, Seigneur, quel dieu me l'a rendue ?

---

1. **Jaloux :** attaché à.
2. **Tantôt :** tout à l'heure.
3. **Ennui :** souffrance.

ULYSSE

Vous m'en voyez moi-même en cet heureux moment,
Saisi d'horreur, de joie et de ravissement.
Jamais jour n'a paru si mortel à la Grèce.
1730 Déjà de tout le camp la Discorde[1] maîtresse
Avait sur tous les yeux mis son bandeau fatal,
Et donné du combat le funeste signal.
De ce spectacle affreux votre fille alarmée
Voyait pour elle Achille, et contre elle l'armée.
1735 Mais, quoique seul pour elle, Achille furieux
Épouvantait l'armée et partageait les dieux.
Déjà de traits en l'air s'élevait un nuage[2] ;
Déjà coulait le sang, prémices[3] du carnage.
Entre les deux partis Calchas s'est avancé,
1740 L'œil farouche[4], l'air sombre et le poil hérissé[5],
Terrible[6] et plein du dieu qui l'agitait sans doute :
« Vous, Achille, a-t-il dit, et vous, Grecs, qu'on m'écoute.
Le dieu qui maintenant vous parle par ma voix
M'explique son oracle et m'instruit de son choix
1745 Un autre sang d'Hélène, une autre Iphigénie
Sur ce bord immolée y doit laisser sa vie.
Thésée avec Hélène uni secrètement
Fit succéder l'hymen[7] à son enlèvement.
Une fille en sortit, que sa mère a celée[8] ;
1750 Du nom d'Iphigénie elle fut appelée.
Je vis moi-même alors ce fruit de leurs amours.

---

1. **La Discorde :** dans la mythologie, déesse qui sème le trouble entre les hommes.
2. **Déjà de traits en l'air s'élevait un nuage :** le nuage de traits désigne les jets de lances.
3. **Prémices :** signes avant-coureurs.
4. **Farouche :** plein de sauvagerie.
5. **Le poil hérissé :** les transes du devin provoquent le hérissement de ses cheveux et de sa barbe.
6. **Terrible :** qui remplit de terreur.
7. **L'hymen :** le mariage.
8. **Celée :** cachée.

D'un sinistre avenir je menaçai ses jours.
Sous un nom emprunté sa noire destinée
Et ses propres fureurs ici l'ont amenée.
1755 Elle me voit, m'entend, elle est devant vos yeux ;
Et c'est elle, en un mot, que demandent les dieux. »
Ainsi parle Calchas. Tout le camp immobile
L'écoute avec frayeur, et regarde Eriphile.
Elle était à l'autel, et peut-être en son cœur
1760 Du fatal sacrifice accusait la lenteur.
Elle-même tantôt, d'une course subite,
Était venue aux Grecs annoncer votre fuite.
On admire[1] en secret sa naissance et son sort.
Mais, puisque Troie enfin est le prix de sa mort,
1765 L'armée à haute voix se déclare contre elle,
Et prononce à Calchas sa sentence mortelle.
Déjà pour la saisir Calchas lève le bras :
« Arrête, a-t-elle dit, et ne m'approche pas.
Le sang de ces héros dont tu me fais descendre
1770 Sans tes profanes[2] mains saura bien se répandre. »
Furieuse, elle vole, et sur l'autel prochain
Prend le sacré couteau[3], le plonge dans son sein.
À peine son sang coule et fait rougir la terre,
Les dieux font sur l'autel entendre le tonnerre ;
1775 Les vents agitent l'air d'heureux frémissements,
Et la mer leur répond par ses mugissements ;
La rive au loin gémit, blanchissante d'écume,
La flamme du bûcher d'elle-même s'allume,
Le ciel brille d'éclairs, s'entrouvre, et parmi nous
1780 Jette une sainte[4] horreur qui nous rassure tous.
Le soldat étonné[5] dit que dans une nue
Jusque sur le bûcher Diane est descendue,

---

1. **Admire :** considère avec étonnement.
2. **Profanes :** qui manquent de respect à la race supérieure à laquelle elle a le sentiment d'appartenir.
3. **Le sacré couteau :** le couteau qui sert lors des sacrifices.
4. **Sainte :** pleine de respect pour les dieux.
5. **Étonné :** stupéfait.

Et croit que, s'élevant au travers de ses feux,
Elle portait au ciel notre encens et nos vœux.
1785 Tout s'empresse, tout part. La seule Iphigénie
Dans ce commun bonheur pleure son ennemie.
Des mains d'Agamemnon venez la recevoir,
Venez : Achille et lui, brûlants[1] de vous revoir,
Madame, et désormais tous deux d'intelligence[2],
1790 Sont prêts à confirmer leur auguste alliance.

CLYTEMNESTRE

Par quel prix, quel encens, ô ciel, puis-je jamais
Récompenser Achille, et payer tes bienfaits !

---

1. **Brûlants :** impatients.
2. **D'intelligence :** du même avis.

Compréhension

Une tension dramatique à son comble

- Chercher ce que croit Clytemnestre lorsqu'elle voit Ulysse et pourquoi.
- Définir en quoi la seconde réplique d'Ulysse résume le conflit tragique.

Une scène de dénouement

- Chercher les raisons pour lesquelles Racine opte pour le récit.
- Définir en quoi ce dénouement est parfaitement réussi.

Réflexion

L'efficacité rhétorique

- Observer le plan de la tirade d'Ulysse.
- Définir les procédés de style qui rendent son récit plus vivant.

Un récit sublime

- Expliquer comment ce récit est à la fois porteur d'information et d'émotion.
- Analyser l'alliance du réalisme et du merveilleux.

À retenir

Les théoriciens du XVIIe siècle définissent un dénouement réussi par trois critères. D'abord, il doit être bref. Ensuite, il doit être clair et complet, c'est-à-dire régler le sort de tous les personnages. Enfin, il doit apparaître nécessaire, c'est-à-dire appelé par tout ce qui précède dans la pièce, sans qu'il soit besoin de faire intervenir des éléments nouveaux.

Synthèse Acte V

Un acte de dénouement qui ménage jusqu'au bout l'intérêt dramatique

Personnages
▌ Les dernières souffrances avant la révélation finale

Alors que le quatrième acte était tout en contrastes et en revirements, le dernier acte semble conduire inexorablement au sacrifice. Les personnages y sont de plus en plus pathétiques. D'une part, l'héroïne, à qui son père a interdit d'épouser Achille, paraît animée d'un véritable désir de mort, qui la pousse à refuser de fuir (V, 1 à 3). D'autre part, Achille et Clytemnestre, confrontés aussi bien à la résolution d'Iphigénie qu'à la trahison d'Ériphile (V, 4), semblent voués à l'impuissance. Certes, à la scène 5, Arcas vient avertir Clytemnestre qu'Achille assure la protection d'Iphigénie contre la foule des Grecs, et que le sacrifice est retardé. Mais tout semble néanmoins condamner Iphigénie, dont le sacrifice n'a jamais paru aussi imminent – au point que Clytemnestre, lorsqu'elle voit entrer Ulysse, croit qu'il vient lui annoncer la mort de sa fille (v. 1715).

Le récit d'Ulysse (scène 6), qui fonctionne comme un coup de théâtre, intervient donc alors que la tension dramatique est à son comble. À la fois surprenant et inévitable, conformément à l'esthétique tragique, ce dénouement rend possibles l'apaisement des passions et la réconciliation au sein de la famille.

Langage
▌ Un dénouement en forme de récit

Si Racine décide de donner au dénouement la forme d'un récit, c'est pour différentes raisons. D'une part, le récit, qui contraste avec l'agitation et la tension dramatique qui précèdent dans l'acte, apparaît comme une forme particulièrement adaptée pour faire le point de façon claire et concise sur l'action et le sort des personnages. D'autre part, le récit apparaît nécessaire dans la mesure où il rend compte d'un suicide, que les bienséances interdisent de représenter sur scène. Enfin, Racine aime transporter les spectateurs par la puissance évocatrice de ses vers. Pour communiquer au spectateur son émerveillement, Ulysse utilise toutes les ressources de la rhétorique.

Il recourt notamment à une figure de style particulièrement poétique : l'hypotypose, qui consiste à suggérer, grâce aux seules ressources verbales, des tableaux animés propres à frapper l'imagination du spectateur.

Société

█ *La toute-puissance des pères*

Pour les spectateurs du XVIIe siècle, la toute-puissance paternelle est une réalité familière, puisque le père est le seul détenteur de l'autorité familiale. Il dispose librement du sort de ses enfants, qui lui doivent une obéissance inconditionnelle. Il n'est donc pas étonnant que tant de pièces de l'époque (tragédies de Racine ou comédies de Molière) mettent en scène des pères hostiles aux volontés de leurs enfants.

Agamemnon apparaît ainsi comme un père inexorable, qui accepte de sacrifier sa fille certes par devoir, mais aussi par lâcheté et par égoïsme. C'est un père tyrannique et possessif, qui ne consulte pas les sentiments de sa fille quand il décide de ne plus la marier à Achille. À cause de la décision paternelle, toute la famille se déchire. Tandis qu'Iphigénie apparaît comme une fille soumise, résignée à obéir à son père, Clytemnestre se révolte violemment contre son mari, suppliant sa fille d'enfreindre la loi paternelle. Quant à Achille, il oppose clairement les droits du mari aux droits du père. Se soustraire ou se résigner à la volonté paternelle lorsque celle-ci est injuste, telle est la question.

Illustration de l'acte V, scène 6
par Massard (1740-1822).

POUR
APPROFONDIR

Genre, action, personnages

Genre et registre

▎*Qu'est-ce qu'une tragédie à l'époque classique ?*

D'après la doctrine classique (qui s'inspire largement de *La Poétique* du philosophe grec Aristote), une tragédie est une pièce de théâtre en vers (en alexandrins), divisée en cinq actes, dont l'action comporte une exposition, un nœud, des péripéties et un dénouement. La tragédie met en scène des héros, personnages illustres – légendaires ou historiques – de rang élevé. Elle présente une situation inextricable et fatale au sein de laquelle des exigences contraires s'affrontent : c'est ce qu'on appelle le conflit tragique.

Les théoriciens de la tragédie reconnaissent une double visée à la tragédie. L'une est d'ordre esthétique : il s'agit de plaire au spectateur en l'émouvant. L'autre est d'ordre moral : en s'identifiant au personnage, dont il éprouve les passions et les souffrances, le spectateur parvient à se libérer de ses propres passions dans la vie réelle – c'est ce qu'Aristote appelle la purgation des passions (*catharsis*, en grec). Racine y fait d'ailleurs allusion dans la préface d'*Iphigénie* à propos d'Euripide, qui « savait merveilleusement exciter la compassion et la terreur, qui sont les véritables effets de la tragédie ».

Au XVIIe siècle, la tragédie obéit à un certain nombre de principes, les *règles*. Premièrement, la règle des trois unités établit que l'intrigue ne doit pas durer plus de vingt-quatre heures (unité de temps), doit se dérouler en un seul lieu (unité de lieu) et doit être unique (unité d'action) : « Qu'en un lieu qu'en un jour un seul fait accompli/ Tienne jusqu'à la fin le théâtre rempli » (Boileau, *Art poétique*). Deuxièmement, la règle de vraisemblance exige que l'action dramatique soit crédible : la tragédie doit représenter une fiction qui paraisse plausible au spectateur. Troisièmement, la tragédie doit respecter les bienséances, c'est-à-dire l'ensemble des principes moraux, religieux, sociaux et littéraires auxquels une œuvre doit se conformer pour ne pas choquer les idées et les goûts du public.

Le respect de la règle des trois unités dans Iphigénie

Tragédie classique, *Iphigénie* respecte la règle de l'unité de lieu, puisque toute l'intrigue se déroule « en Aulide, dans la tente d'Agamemnon », comme l'indique la didascalie initiale. Dès la scène d'exposition, le spectateur comprend que si l'armée grecque a établi son camp dans un port d'Aulide, c'est parce qu'elle attend que les vents se lèvent afin de pouvoir embarquer et cingler sur Troie. Racine exploite au maximum l'effet dramatique créé par l'unité de lieu. D'une part, situer l'intrigue dans un camp militaire donne d'emblée un caractère épique à la tragédie – de nombreux vers suggérant l'attente des soldats, la préparation des navires, les projets de conquête. D'autre part, le camp est à la fois un lieu fermé, d'où il est impossible de s'échapper (la fuite d'Iphigénie, pourtant voulue par Agamemnon, échoue en IV, 1), et un lieu ouvert (c'est de là que doit partir la flotte grecque). C'est en tout cas un lieu provisoire et incertain, reflétant les incertitudes des protagonistes.

Iphigénie respecte également la règle de l'unité de temps. L'intrigue se déroule en une seule journée : elle débute avant l'aurore, lorsqu'Agamemnon vient réveiller Arcas, et se termine à la tombée de la nuit. L'unité de temps, parfaitement respectée, est elle aussi exploitée à des fins dramaturgiques : Racine s'en sert pour accroître l'intensité dramatique d'une crise brève, violente et décisive. En effet, la journée représentée sur scène est capitale non seulement parce qu'elle fixe la destinée d'Iphigénie et de ses proches, mais aussi parce qu'elle décide du sort de l'armée grecque et de l'expédition contre Troie.

Racine se conforme enfin à la règle de l'unité d'action et à ses deux critères. D'une part, comme le souligne Aristote dans *La Poétique*, la tragédie doit représenter « une action une et formant un tout ». L'action d'*Iphigénie* peut effectivement se résumer à la question suivante : Iphigénie sera-t-elle sauvée ou bien mourra-t-elle ? D'autre part, une pièce respecte l'unité d'action quand l'intrigue secondaire est nécessaire à la compréhension de la pièce et quand elle a une influence sur le déroulement de l'action principale, à condition de

Pour approfondir

prendre naissance dès le début de la pièce et de se poursuivre jusqu'au dénouement – ce qui exclut l'intervention tardive d'événements dus au hasard. Tel est le cas des machinations de la jalouse Ériphile.

Une esthétique tragique marquée par l'omniprésence du pouvoir divin

Iphigénie marque un tournant dans la production de Racine : désormais, il centrera ses tragédies sur les rapports entre l'humain et le divin, entre le profane et le sacré. Or ces rapports sont violents et conflictuels. Ainsi *Iphigénie* déploie-t-elle une vision tragique de l'homme dans la mesure où les personnages apparaissent comme les jouets aveugles et impuissants de la fatalité voulue par les dieux. Si leur liberté semble s'exercer tout au long de la pièce, le dénouement fait comprendre au spectateur que cette liberté est constamment mise en échec par la toute-puissance divine : la révélation finale rend dérisoires les actes par lesquels les personnages tentaient de maîtriser leur sort. Non seulement le dénouement met l'accent sur l'impuissance des hommes face au destin, mais aussi sur leurs erreurs. Certes, l'oracle est équivoque. Mais la mauvaise interprétation qu'en fait Agamemnon, qui est au fondement même de l'intrigue d'*Iphigénie*, repose sur une idée fausse, d'ailleurs largement partagée par les protagonistes : celle que les dieux sont vengeurs et cruels. Impuissantes et ignorantes : telles sont les victimes du conflit tragique que donne à voir *Iphigénie*.

Même si les dieux n'interviennent directement que dans l'oracle et le dénouement, en réalité, ils sont présents tout au long de la pièce à travers les événements et les actions qui provoquent des retournements de situation. D'une part, ils agissent par le biais d'événements qui semblent relever du hasard (retour d'Achille au camp plus tôt que prévu en I, 2 ; arrivée d'Iphigénie et de Clytemnestre en Aulide malgré la mission d'Arcas, qui a échoué, en I, 4). D'autre part, les dieux manœuvrent les humains, que ceux-ci se perdent en tergiversations et en faux-fuyants (Agamemnon), rappellent le devoir d'obéissance aux dieux et de fidélité aux alliés (Ulysse), ourdissent des ruses perverses (Ériphile), laissent éclater leur fureur à l'égard de la décision d'Agamemnon (Clytemnestre), fassent des révélations inattendues (Arcas) ou s'emportent jusqu'à menacer le « roi des rois » (Achille). Malgré les efforts fébriles des protagonistes, ce sont bien les dieux qui ont le dernier mot. Ce n'est donc pas un hasard si *Iphigénie* est la pièce la plus longue de Racine, celle aussi qui contient le plus de scènes : la multiplicité des revirements traduit l'impuissance des hommes, qui s'efforcent pourtant de maîtriser leur destin en accumulant toutes sortes de stratégies.

Action et personnages

L'étude de l'action et celle des personnages sont indissociables, dans la mesure où les personnages de théâtre se définissent bien moins par leurs caractéristiques psychologiques que par leur fonction au sein de la progression dramatique, leur situation hiérarchique dans le système des personnages, leurs rapports de force et l'évolution de leurs relations.

▌ L'action

Une intrigue riche et complexe qui renouvelle l'intérêt du spectateur

Le déroulement de l'intrigue fait sans cesse osciller le spectateur entre espoir et désespoir. L'exposition (de l'acte I à l'acte II, scène 1) présente la situation et les personnages en révélant successivement la volonté des dieux, le douloureux revirement d'Agamemnon, les pressions qu'il subit de la part de ses alliés (Achille, Ulysse), l'arrivée d'Iphigénie et de Clytemnestre, la jalousie d'Ériphile. Tout semble alors condamner Iphigénie à être sacrifiée.

Puis l'action se noue (acte II et acte III) : Agamemnon fait croire aux membres de sa famille que c'est un mariage, et non un sacrifice, qui se prépare. Bien que ce mariage ait été un moment compromis par la révélation mensongère de l'infidélité d'Achille, que semble confirmer l'amour d'Ériphile, les protagonistes se réjouissent de voir la cérémonie célébrée le soir même.

Genre, action, personnages

Les péripéties se succèdent ensuite (de la scène 5 de l'acte III à l'acte V) : Arcas révèle le vrai but de la cérémonie, ce qui déclenche, d'un côté, la soumission d'Iphigénie et, de l'autre, la colère de Clytemnestre et d'Achille ; puis par un nouveau revirement, Agamemnon décide d'épargner Iphigénie ; enfin, la dénonciation de la fuite d'Iphigénie par Ériphile crée un nouveau retournement de situation. Tandis qu'Achille et Clytemnestre supplient Iphigénie de fuir, celle-ci refuse. L'émotion est alors à son comble, d'autant plus qu'une bataille intestine menace d'éclater.

Enfin, le dénouement intervient à la dernière scène : en voyant Ériphile, Calchas découvre qu'elle est la fille d'Hélène et de Thésée, qui s'étaient mariés clandestinement, qu'elle se nomme elle aussi Iphigénie, et que c'est elle qui doit être sacrifiée. La pièce se termine par son suicide, qui fait se lever les vents tant attendus par la coalition grecque.

Une action dramatique construite autour du héros tragique

L'action d'*Iphigénie* s'organise autour du dilemme que doit affronter Agamemnon : d'un côté, son ambition politique le pousse à sacrifier sa fille, puisque c'est à cette seule condition que les dieux feront se lever les vents, nécessaires pour que la flotte grecque puisse se rendre à Troie ; de l'autre, sa tendresse paternelle lui interdit d'accomplir la volonté des dieux. Le sort d'Iphigénie dépend donc de la décision d'Agamemnon, qui est bien en position actancielle de sujet. Agamemnon sacrifiera-t-il sa fille ? Telle est la question sur laquelle repose l'intrigue.

Or, loin de faire un choix une fois pour toutes et de l'assumer, Agamemnon hésite et prend successivement des résolutions contradictoires. Ainsi la complexité et la richesse de l'intrigue sont-elles en grande partie liées aux tergiversations, aux ruses et aux mensonges d'Agamemnon, qui balance entre moments de faiblesse et de fermeté. Le spectateur est témoin tantôt de son désir de sauver sa fille (I, 1 ; IV, 8 et 10), tantôt de sa volonté d'obéir à ses devoirs religieux et politiques (I, 5 ; IV, 7). Agamemnon apparaît ainsi comme profondément divisé : son déchirement intérieur est tel qu'il en vient à souhaiter parfois que les dieux décident à sa place, soit en envoyant un signe fort (I, 3), soit en réitérant leur volonté par l'oracle (IV, 9). Ce sont donc les péripéties engendrées par les décisions et les actions contradictoires d'Agamemnon qui suscitent l'intérêt du spectateur.

Une tragédie pleine de retournements de situation

L'intrigue d'*Iphigénie* est très riche en péripéties qui, parce qu'elles engendrent des retournements de situation inattendus et modifient brutalement la situation des héros, créent chez le spectateur autant d'effets de surprise, jusqu'à la grande surprise finale. En effet, « l'action se situe entre le sens apparent de l'oracle et son sens véritable : elle va de l'illusion des hommes à la révélation des dieux » (Jean Rohou). La liste des péripéties, qui relancent et font rebondir l'action, est longue.

Le changement d'avis d'Agamemnon

S'il a, dans un premier temps, cédé à la volonté des dieux, exprimée par l'oracle (qui occasionne une erreur d'interprétation sur laquelle est bâtie toute la pièce), il veut désormais empêcher qu'Iphigénie ne parvienne en Aulide (I, 1).

Le nouveau revirement d'Agamemnon et l'annonce mensongère du mariage d'Iphigénie et d'Achille

C'est l'arrivée d'Iphigénie, de Clytemnestre et d'Ériphile au camp militaire (I, 4) qui provoque le revirement d'Agamemnon. Voyant là un signe des dieux, il se résout à sacrifier sa fille. Il décide alors de faire croire que c'est un mariage qui se prépare (I, 5).

Le retournement de situation occasionné par la lettre d'Agamemnon

Le mensonge de ce dernier compromet un moment le mariage que les protagonistes croient prévu (de II, 4 à III, 1).

La révélation, par Arcas, du véritable projet d'Agamemnon (III, 5)

Au moment où les protagonistes se réjouissent de l'heureux événement qui est sur le point d'avoir lieu (III, 3 et 4), Arcas les met au courant du sacrifice qui se prépare.

Le nouveau revirement d'Agamemnon

Alors qu'il était résolu à accomplir la volonté des dieux (IV, 7), il décide de laisser la vie sauve à sa fille mais ne souhaite plus qu'elle épouse Achille (IV, 8).

Pour approfondir

137

Genre, action, personnages

La révélation, par Ériphile, de la fuite d'Iphigénie, secrètement organisée par Agamemnon

Le dernier espoir de salut d'Iphigénie semble fortement compromis.

La révélation du véritable sens de l'oracle et de l'identité d'Ériphile (V, 6)

L'ambiguïté de l'oracle s'explique alors : « une fille du sang d'Hélène » ne désignait pas quelqu'un de la famille d'Hélène (ce qui est le cas d'Iphigénie), mais une fille née d'Hélène (c'est-à-dire Ériphile).

Une pièce empreinte d'ironie tragique

L'ironie tragique réside dans le décalage entre l'ignorance du héros, qui ne discerne pas la menace qui pèse sur lui, et les informations dont dispose le spectateur. Soulignant l'impuissance dérisoire des humains face à des forces qui les dépassent, elle est omniprésente tout au long de la pièce. « Elle est inscrite dans ses données fondamentales : dans l'ambiguïté de cet autel, de ce sacrifice qui annoncent le mariage et la mort ; dans la situation d'Iphigénie, toute dévouée à un père qui veut la sacrifier et toute joyeuse d'arriver au camp où se trouve Achille ; dans le rôle de celui-ci, amant qui sert d'appât funeste (v. 978-980), et qui, lui-même, par sa fougue guerrière, semble hâter le sacrifice (v. 199-204 ; v. 277-280) ; dans le destin d'Agamemnon (accablé dans le triomphe de son ambition, dont il espérait le bonheur) et dans celui d'Ériphile. Celle-ci se rendait à Troie pour y retrouver son nom et son rang (v. 441-444) ; Achille survient, ruinant tous ses espoirs (v. 450-452) ; elle devient alors amoureuse de son bourreau (v. 472-475), tandis que sa rivale la prend pour amie ; en Aulide, la présence de Calchas lui rend l'espoir (v. 455-459 et v. 656), mais c'est lui qui la perd en révélant enfin son identité : elle sera la victime du sacrifice qu'elle hâtait, croyant perdre sa rivale et assurer son bonheur » (Jean Rohou). C'est donc bien grâce à l'ironie tragique qu'est mis en valeur le caractère implacable du destin, en même temps que l'ignorance et l'impuissance des hommes, qui ne connaissent ni la véritable signification des événements ni la véritable portée de leurs actes, qui se retournent d'ailleurs souvent contre eux-mêmes (Agamemnon, Ériphile, Achille).

▌*Les personnages*

Une dramaturgie construite sur des rapports de force

L'intensité dramatique de la pièce résulte en grande partie des rapports de force qui existent entre les personnages, qui agissent au nom de logiques et de valeurs différentes. À la question de savoir si Iphigénie doit être sacrifiée ou non, les différents protagonistes n'apportent pas la même réponse. Le thème du sacrifice d'une innocente au nom de devoirs religieux et politiques possède une grande efficacité dramatique : les différentes prises de position des personnages donnent lieu à des dialogues sous haute tension. Alors qu'Agamemnon, profondément déchiré, connaît de nombreux revirements (I, 1 ; I, 5 ; IV, 8), les autres personnages conservent la même position.

D'un côté, il y a ceux qui acceptent sans discuter le sacrifice. Ulysse apparaît ainsi comme un chef militaire pour qui seul compte l'intérêt de l'armée grecque, qui doit rejoindre Troie coûte que coûte : pour lui, Iphigénie doit être sacrifiée à la raison d'État. C'est pourquoi il rappelle à Agamemnon ses devoirs royaux (I, 3 et I, 5). Quant à Iphigénie, si elle se résout à être sacrifiée, ce n'est pas pour des raisons politiques, ni même religieuses, mais par amour filial. Totalement dévouée à son père (III, 6), elle refuse d'écouter son amant et sa mère, décidés à la sauver (V, 2 ; V, 3). Se désignant elle-même comme une « victime obéissante » (v. 1177), elle accepte de périr pour l'honneur de son père (v. 1203-1204).

De l'autre côté, il y a ceux qui refusent le sacrifice d'Iphigénie et entrent en rébellion aussi bien contre la volonté divine que contre les lois de la politique. Sûrs de défendre une cause juste (la vie d'une innocente), ils n'hésitent pas à défier Agamemnon et à s'emporter contre lui avec violence. C'est ainsi que Clytemnestre, refusant de se soumettre à son mari, se bat de toutes ses forces pour sauver sa fille malgré elle (IV, 2 ; V, 3). Révoltée contre l'injustice qui se prépare, elle accable son mari de paroles violentes et acerbes (IV, 4). Pleine de haine à son égard, elle parle souvent de lui de façon dépréciative et

Pour approfondir

139

Genre, action, personnages

le présente comme un monstre issu d'une lignée maudite (v. 1245-1246). Achille sait aussi tenir tête à Agamemnon, malgré l'obéissance qu'il doit au « roi des rois » (IV, 6). Passionnément amoureux, il ne peut se résoudre à perdre Iphigénie, d'autant plus que sa révolte contre la tyrannie d'un père injuste se teinte de jalousie (v. 1596).

L'intensité tragique du personnage d'Ériphile

Racine place au cœur du dispositif tragique le couple antithétique Iphigénie-Ériphile. Tout oppose en effet les deux héroïnes. Ériphile est de naissance inconnue, Iphigénie est la fille chérie de parents illustres ; Ériphile n'attire même pas l'attention de celui qu'elle aime, Iphigénie est passionnément aimée d'Achille ; Ériphile incarne le mal et la perversité, et Iphigénie, la vertu et l'innocence ; Ériphile veut « perdre » sa rivale (v. 1487), Iphigénie est pleine de compassion et de générosité, que ce soit à l'égard de son père (III, 6) ou à l'égard de la captive (III, 4). Certes, Ériphile est pleine de jalousie, de haine et de fureur ; mais elle est surtout une victime des dieux, qui l'ont vouée au malheur (v. 485-4866). Elle n'est donc « ni tout à fait coupable ni tout à fait innocente », ce qui est le propre de l'héroïne tragique selon Racine (préface de *Phèdre*).

Ériphile est le seul personnage à avoir une destinée tragique, puisqu'elle se suicide au dénouement. Sans elle, *Iphigénie* ne serait pas une pièce tragique, car en fin de compte, tout finit bien pour les protagonistes : Iphigénie est sauvée et les vents se lèvent. On peut donc dire que « la tragédie est ici tout entière réfugiée dans Ériphile. [...] Il est vrai que lorsque la pièce commence, le problème posé à la conscience est proprement tragique : faut-il sacrifier Iphigénie ou non ? Cette alternative ne souffre, semble-t-il, aucune issue imprévue, aucune issue *inventée* : c'est oui ou c'est non. Or Racine (et c'est là le sens profond de l'œuvre, sa *nouveauté*, comme la Préface le souligne), donne à ce dilemme tragique une issue non tragique ; et cette issue, c'est *précisément* le personnage tragique qui la lui fournit. Tuer Iphigénie ou ne pas la tuer, disait la tragédie. Et Racine répond : la tuer et *en même temps* ne pas la tuer. » (Roland Barthes.)

En inventant le personnage d'Ériphile, Racine réussit donc à la fois à épargner son héroïne et à sauvegarder un dénouement tragique.

L'efficacité dramatique du déchaînement des passions

La dynamique de l'action est sous-tendue par le déchaînement et le choc des passions. Le mot *passion* signifie, au sens étymologique, ce que l'on ressent, ce dont on souffre. Au XVIIᵉ siècle, la passion est associée à une maladie. En effet, les passions sont définies par rapport à la théorie médicale qui a cours depuis l'Antiquité et qui repose sur l'idée que le lien entre le corps et l'âme se fait par l'intermédiaire de fluides, que l'on appelle des humeurs. On en distingue quatre : le sang, la lymphe, la bile, la bile noire ou mélancolie. À chaque humeur correspond un profil psychologique : le sang donne du courage ; la bile favorise l'emportement ; la lymphe rend calme et indulgent ; la mélancolie dote d'intelligence et d'imagination. Un individu équilibré doit avoir une dose égale de chacune de ces humeurs. Lorsqu'une humeur domine trop, elle entraîne des défauts : trop de sang rend téméraire ; trop de bile rend colérique ; trop de lymphe pousse à la faiblesse ; trop de mélancolie provoque des angoisses.

Or c'est justement le propre des personnages tragiques que d'être dominés par leurs passions. Perdant tout sens de la mesure, ils se rendent coupables de démesure (*hybris*, en grec). Dans *Iphigénie*, chacun des principaux protagonistes semble incarner l'une des quatre humeurs. Agamemnon, qui se dit lui-même assoiffé de pouvoir, est ainsi dominé par la mélancolie : il ne cesse de prévoir, de calculer, de faire des plans pour l'avenir. Achille, quant à lui, est nettement d'humeur sanguine : guerrier impatient, il veut égaler les dieux. En ce qui concerne Clytemnestre, elle incarne le déséquilibre causé par l'excès de bile : elle est pleine de violence et de colère contre son mari. Enfin, Iphigénie, parce qu'elle se soumet à la tyrannie paternelle, apparaît dominée par l'humeur lymphatique. En choisissant ainsi de doter ses personnages de dispositions d'esprit opposées, Racine accroît l'intensité dramatique d'une pièce fondée sur des passions violentes et conflictuelles.

Pour approfondir

141

L'œuvre : origines et prolongements

Iphigénie, une nouvelle stratégie de Racine

La volonté de Racine d'afficher son appartenance au camp des Anciens

Dans beaucoup de préfaces, Racine proclame son admiration pour les auteurs antiques, dont il s'est souvent inspiré. Ainsi, dans celle d'*Iphigénie*, il déclare avoir puisé son célèbre thème dans la littérature antique (« Il n'y a rien de plus célèbre dans les poètes que le sacrifice d'Iphigénie ») et évoque, outre la tragédie d'Euripide qui lui a fourni son sujet, de nombreux auteurs latins et grecs. De plus, il affirme « l'estime » et la « vénération » qu'il a « toujours eues pour les Ouvrages qui nous restent de l'Antiquité ». Ce faisant, Racine affiche le camp qu'il choisit dans ce que l'on appelle la querelle des Anciens et des Modernes. Le débat peut se résumer ainsi : les écrivains de l'Antiquité sont-ils supérieurs aux auteurs du siècle de Louis XIV ? D'un côté, les Anciens (Boileau, La Bruyère, La Fontaine, Racine) prônent l'imitation des auteurs de l'Antiquité ; pour eux, les œuvres antiques ont atteint un point de perfection qui ne peut pas être dépassé. De l'autre côté, les Modernes (Fontenelle, Perrault, Quinault) aiment se référer à la littérature mondaine du règne de Louis XIV, imprégnée de galanterie ; persuadés qu'il est possible de progresser par rapport aux Anciens, ils apprécient les formes artistiques nouvelles, comme l'opéra. Certes, c'est dans les années 1680 que la querelle éclate dans toute sa violence. Mais elle est précédée dès les années 1660 de plusieurs affrontements. C'est donc dans un contexte polémique que Racine exhibe son attachement à la tragédie grecque, dont il défend la dramaturgie, au point d'apparaître comme le porte-parole des Anciens.

La volonté de Racine de concurrencer l'opéra

La préface d'Iphigénie est surtout polémique parce qu'elle attaque violemment une innovation artistique récente : l'opéra, né en 1671. Pour Racine, il n'est pas question de confondre la perfection majestueuse de la tragédie grecque avec les fastes exubérants d'un divertissement. Si Racine éprouve ainsi le besoin de dénoncer les facilités de l'opéra, c'est que tout au long du siècle, le goût pour le spectaculaire ne cesse de croître, comme le montre le succès des tragédies à machines, pleines d'effets spéciaux (tempêtes, personnages divins ou diaboliques évoluant dans les airs, mouvements des astres, décors luxueux représentant des villes et des palais...), puis des comédies-ballets de Molière, puis enfin de l'opéra, qui connaît un triomphe auprès de Louis XIV et de sa Cour.

Eₙ 1674, Racine décide d'affirmer la supériorité de la tragédie sur l'opéra. Quinault, le plus célèbre librettiste du temps, et Lulli, le musicien préféré de Louis XIV, viennent alors de créer un opéra intitulé *Alceste*. S'ils ont choisi une tragédie d'Euripide comme source, c'est pour montrer que l'opéra est capable d'adapter la tragédie grecque aux goûts de leur siècle, bref, de la moderniser. Afin de contrecarrer cette mode de l'opéra, Racine, puisant à son tour dans Euripide, écrit *Iphigénie*. D'une part, il désire prouver que seule la tragédie parlée (et non chantée) est véritablement fidèle aux sources antiques, alors que l'opéra les déforme et les trahit. D'autre part, il veut démontrer que les œuvres antiques peuvent encore toucher les spectateurs : « J'ai reconnu avec plaisir, par l'effet qu'a produit sur notre théâtre tout ce que j'ai imité ou d'Homère ou d'Euripide, que le bon sens et la raison étaient les mêmes dans tous les siècles. Le goût de Paris s'est trouvé conforme à celui d'Athènes. Mes spectateurs se sont émus des mêmes choses qui ont mis autrefois en larmes le plus savant peuple de la Grèce ». Enfin, en choisissant pour sujet le sacrifice d'Iphigénie, Racine entend montrer que la tragédie constitue bien un spectacle grandiose. « Sans musique, sans chœurs, ni solistes, ni rien, la pièce fait le poids face aux opéras. Pas de machineries, non plus, pour exhiber les dieux qui tombent des nues, et des héros qui y montent ; la poésie de la vision y supplée [...] C'est l'opéra sans ses appareils, tout dans le pouvoir des vers et des mots. » (Alain Viala.)

La volonté de Racine d'émerveiller ses spectateurs

Sɪ Racine choisit comme sujet de sa tragédie le sacrifice d'Iphigénie, ce n'est pas seulement parce que la figure de l'héroïne est particulièrement pathétique, donc propre à toucher des spectateurs

Pour approfondir

aimant être émus aux larmes. C'est aussi parce que ce sujet réactive tout le fonds légendaire du cycle des Atrides et de la guerre de Troie, très bien connu des spectateurs de l'époque. Pour augmenter la puissance de sa pièce, Racine exploite au mieux les thèmes de la mythologie grecque et de l'œuvre d'Homère (à laquelle il emprunte notamment le personnage d'Ulysse, absent de la tragédie d'Euripide). Pour rendre sa pièce capable d'émerveiller les spectateurs, c'est-à-dire pour la rendre « sublime » (c'est le mot utilisé à l'époque), Racine utilise toutes sortes de ressources poétiques directement liées à la légende grecque.

D'UNE PART, les allusions à la famille maudite des Atrides (v. 1245-1248, v. 1585-1588) confèrent à la pièce un surcroît d'intensité tragique. Une lourde hérédité pèse sur Agamemnon : Tantale, son arrière-grand-père, mit les dieux à l'épreuve en leur servant à manger son propre fils, Pélops ; Atrée, son père, au terme d'une lutte sans merci pour le pouvoir, fit servir à son frère Thyeste la chair de trois de ses fils lors d'un banquet ; Égisthe, son cousin, tua Thyeste. Le spectateur ne peut également s'empêcher de penser au sort funeste qui attend Agamemnon lui-même, tué par Clytemnestre et Égisthe à son retour de la guerre de Troie.

D'AUTRE PART, la préparation de la guerre contre Troie par ses futurs héros (Agamemnon, Achille, Ulysse) donne à *Iphigénie* une dimension épique. En effet, l'intrigue de la pièce se déroule alors que l'embarquement pour Troie est imminent, ainsi que le rappellent les allusions à l'enlèvement d'Hélène, à la soif de pouvoir du « roi des rois », à l'alliance des chefs grecs, à l'armée des coalisés, aux exploits à venir d'Achille ou encore à l'immense flotte rassemblée dans la rade d'Aulis. Enfin, l'intervention des dieux fait d'*Iphigénie* une pièce solennelle, du « prodige étonnant » (v. 47) de l'interruption des vents jusqu'au « miracle » (v. 1726) de la révélation finale. La pièce de Racine fait une large place à l'évocation poétique des éléments, qu'il s'agisse de l'air – l'absence de vent immobilise la flotte –, de la mer – qui doit être traversée – ou du feu – qui prend notamment l'aspect du bûcher.

Pour approfondir

Cette poésie cosmique culmine lors du récit d'Ulysse, auquel l'évocation de la nature déchaînée donne un caractère merveilleux.

> ### La volonté de Racine d'adapter le sujet grec aux goûts de ses spectateurs

Certes, Racine puise son sujet dans la pièce d'Euripide, *Iphigénie à Aulis* (ve siècle av. J.-C.). Cela lui est d'autant plus facile qu'il maîtrise parfaitement le grec, ce qui est rare à son époque. Il a en effet bénéficié de l'enseignement exceptionnel que dispensaient dans les Petites Écoles ceux que l'on appelle les Messieurs de Port-Royal – communauté de laïcs et de religieux rigoristes. Mais Racine ne se contente pas de reproduire la tragédie antique. Il se montre soucieux de faire en sorte que le sujet choisi plaise au public du XVIIe siècle. C'est pourquoi il apporte quelques changements par rapport à la pièce d'Euripide afin de l'adapter au goût de ses contemporains. Par exemple, pour ne pas heurter les bienséances, Racine supprime le personnage de Ménélas, c'est-à-dire d'un homme trompé par son épouse exigeant le sacrifice de sa nièce ! En fait, Racine apporte surtout deux modifications à la tragédie d'Euripide.

D'une part, il change le dénouement, qu'il juge invraisemblable à son époque. Dans sa préface, Racine dit clairement qu'il refuse de terminer sa tragédie « par le secours d'une déesse et d'une machine, et par une métamorphose, qui pouvait bien trouver quelque créance du temps d'Euripide, mais qui serait trop absurde et trop incroyable parmi nous ». Dans la pièce d'Euripide, la déesse Diane enlève Iphigénie, juste au moment où elle va être sacrifiée, et la remplace sur l'autel par une biche. Pour éviter l'intervention divine, Racine invente le personnage d'Ériphile. C'est cette autre Iphigénie, née des amours de Thésée et d'Hélène, qui doit être sacrifiée pour que les dieux soient satisfaits. Si Racine modifie le dénouement d'Euripide, c'est au nom à la fois des bienséances et de la vraisemblance : « Quel plaisir j'ai fait au spectateur, et en sauvant une princesse vertueuse [...] et en la sauvant par une autre voie que par un miracle qu'il ne saurait souffrir, parce qu'il ne saurait jamais le croire. »

Pour approfondir

D'AUTRE PART, Racine se conforme à la mode galante, qui exige que la tragédie comporte de l'amour. Premièrement, il représente Ériphile amoureuse d'Achille. Deuxièmement, s'inspirant de la pièce de Jean Rotrou, célèbre dramaturge de la première moitié du XVIIᵉ siècle, il rend Achille amoureux d'Iphigénie. Troisièmement, il invente l'amour d'Iphigénie pour Achille. Ce couple uni par une tendresse mutuelle ne présente pas seulement l'avantage de plaire au public. Il dote la pièce d'une plus grande cohérence. « L'Agamemnon d'Euripide faisait venir Iphigénie dans le camp où l'attend le sacrifice en inventant un fallacieux mariage avec Achille, dont il n'avait pas été question auparavant [...] Il a paru plus cohérent à Racine d'imaginer qu'il avait été déjà question du mariage entre les deux jeunes gens et que, solennellement promis l'un à l'autre, ils s'étaient rencontrés et aimés. » (Georges Forestier.)

La destinée d'Iphigénie : du triomphe à la désaffection

Deux siècles de succès indiscuté

AU XVIIᵉ SIÈCLE, *Iphigénie* connaît un véritable triomphe. D'une part, cela s'explique par le fait que la pièce est propre à satisfaire tous les publics de l'époque, aussi bien les doctes appréciant la pureté de la tragédie et les thèmes antiques que les mondains amateurs de spectacles grandioses et de sentiments tendres. D'autre part, le succès incontesté d'*Iphigénie* s'explique par le fait que Racine tient compte du changement de sensibilité qui se produit à son époque : le public aime en effet de plus en plus être ému par des personnages pathétiques. De nombreux témoignages racontent que la création d'*Iphigénie* à Versailles, le 18 août 1674, à l'occasion des somptueuses réceptions données dans le cadre des fêtes qui célèbrent la conquête de la Franche-Comté, fit pleurer les gens de la Cour. De même, lors de la quarantaine de représentations données à Paris l'hiver suivant, la pièce tira beaucoup de larmes aux spectateurs. Tout au long du XVIIᵉ siècle, *Iphigénie*, qui est bien ce que l'on appelle un « succès de larmes », reste l'une des pièces de Racine les plus jouées.

L E XVIIIᵉ SIÈCLE fait également un triomphe à *Iphigénie*. Si l'on se reporte aux pièces de Racine données à la Comédie-Française au siècle des Lumières, on constate qu'*Iphigénie* est la seconde pièce la plus jouée, juste derrière *Phèdre*. Cette faveur s'explique par trois raisons. D'une part, le public du XVIIIᵉ siècle affectionne les tragédies pleines de tendresse et de vertu, privilégiant le registre pathétique. D'autre part, il aime retrouver sur scène les dilemmes propres à la vie de famille, comme l'illustre l'invention du drame bourgeois par Diderot, qui apprécie d'ailleurs beaucoup *Iphigénie* (« Un père immole sa fille par ambition, et il ne faut pas qu'il soit odieux. Quel problème à résoudre ! »). Enfin, *Iphigénie* se caractérise par la diversité de caractère des différents protagonistes, ce qui est propre à satisfaire non seulement tous les membres d'une troupe de théâtre mais aussi les spectateurs, comme Voltaire : « J'avoue que je regarde *Iphigénie* comme le chef-d'œuvre de la scène. [...] Veut-on de la grandeur ? on la trouve dans Achille [...] Veut-on de la vraie politique ? tout le rôle d'Ulysse en est plein [...] Clytemnestre est le modèle du grand pathétique ; Iphigénie, celui de la simplicité noble et intéressante ; Agamemnon est tel qu'il doit être. »

Une pièce de moins en moins jouée

A U XIXᵉ SIÈCLE, *Iphigénie* connaît bien moins de succès : à la Comédie-Française, elle vient désormais après *Andromaque*, *Phèdre* et *Britannicus*. L'érosion du succès d'*Iphigénie* s'explique par le changement de goût du public qui, sous l'influence du romantisme, aime éprouver de l'effroi devant des figures monstrueuses. Désormais, aux héros tendres et vertueux, le public préfère les rôles torturés et les pièces représentant des passions noires et violentes.

Le XXᵉ siècle quant à lui ne paraît plus guère touché par *Iphigénie*, qu'il relègue bien loin derrière d'autre chefs-d'œuvre (*Phèdre*, *Andromaque*, *Britannicus*, *Bérénice*). Alors que le nombre de représentations des tragédies raciniennes est très élevé tout au long du siècle, *Iphigénie* n'est donnée que rarement.

Pour approfondir

Les différentes lectures d'Iphigénie

Si *Iphigénie* fait tout de même l'objet d'études critiques, c'est moins pour l'intérêt qu'elle suscite que pour sa place à l'intérieur de la production théâtrale de Racine. Parmi les différentes lectures qui ont été faites d'*Iphigénie*, nous en retiendrons trois, qui permettent de pointer les thèmes cruciaux de la pièce et d'en renouveler l'interprétation. Toutes datent de la bataille critique qui eut lieu autour du théâtre de Racine dans les années 1950-1960, où s'affrontèrent diverses méthodes d'analyse.

LA LECTURE ANTHROPOLOGIQUE de Roland Barthes, qui s'efforce de dégager les grandes structures autour desquelles s'organise la tragédie racinienne, met notamment l'accent sur le caractère familial de cette tragédie. En effet, « toutes ces personnes (car il s'agit bien de revendications individuelles) sont agitées, opposées ou plus encore liées au sein d'une réalité qui est en fait le personnage central de la pièce : la famille. Il y a dans *Iphigénie* une vie familiale intense. Dans aucune autre pièce, Racine n'a présenté une famille aussi solidement constituée, pourvue d'un noyau complet (le père, la mère, la fille), de collatéraux (Hélène, autour de qui on se dispute), d'ascendants (mari et femme se les jettent à la tête) et d'une alliance prochaine (les « droits » du futur gendre sont âprement discutés). Comment ne pas voir que dans ce bloc solide, tout occupé d'un grand intérêt matériel, Ériphile (c'est-à-dire le héros tragique) est vraiment l'*intruse*, que tous sacrifieront (et le public louis-quatorzien avec eux) au succès du clan ? Il y a dans *Iphigénie* un singulier prosaïsme des rapports humains, parce que précisément ces rapports sont familiaux, au sens moderne du mot. » C'est en cela qu'*Iphigénie* paraît fortement influencée par « le puissant courant bourgeois qui emporte l'époque ».

LA LECTURE SOCIOLOGIQUE faite par Lucien Goldmann, d'inspiration marxiste, permet de mesurer combien l'univers racinien est la conséquence d'une « vision collective du monde » (celle du jansénisme en particulier) et porte la marque de l'organisation sociale et politique de l'époque. De fait, *Iphigénie* semble bien refléter les pré-occupations et les inquiétudes spirituelles de Racine, notamment en ce qui concerne l'aveuglement des hommes, incapables de comprendre la volonté divine. « Les dieux y sont providentiels, ils agissent et interviennent sans doute dans la vie des hommes, mais c'est, à la manière du Dieu chrétien, pour les aider à mener leurs entreprises à bonne fin. Les hommes – conformes eux aussi à l'image de l'homme déchu – sont aveugles, mais leur aveuglement réside dans le fait qu'ils n'ont aucune confiance dans la Providence divine, qu'ils interprètent mal et prennent pour une menace les oracles qui leur annoncent la protection de cette Providence, et qu'au lieu de s'unir dans la soumission et l'amour des dieux, ils s'opposent les uns aux autres, se révoltent et veulent se rendre indépendants de la divinité, ou même s'égaler à elle. »

La lecture psychanalytique, qui est celle de Charles Mauron, souligne surtout à quel point la figure d'Agamemnon illustre le thème, omniprésent dans les pièces de Racine, de la jalousie parentale à l'égard du jeune couple. Dans *Iphigénie*, Racine soumet le couple Achille-Iphigénie à la figure toute-puissante d'Agamemnon. « La figure parentale peut soit unir le jeune couple (autel du mariage), soit le dissocier, le mutiler et le détruire (autel du sacrifice). » Tel est en effet le dilemme que doit affronter Agamemnon. Les revirements de ce dernier illustre ses oscillations entre, d'un côté, l'« agressivité jalouse », la « dureté aveugle et sourde », et, de l'autre, la sensibilité et la pitié. En fait, ce qui détermine Agamemnon à choisir le meurtre, c'est « un sentiment de jalousie ». En effet, « à mesure que la tragédie se développe, il devient de plus en plus clair qu'Agamemnon et Achille se disputent Iphigénie. L'un allègue ses droits de père, l'autre ses droits d'époux virtuel. Si Agamemnon décide la rupture du couple (IV, 8), c'est pour reprendre possession d'Iphigénie tout en humiliant son rival. En fait, « derrière la jalousie politique d'Agamemnon, on entrevoit une jalousie amoureuse. Car le châtiment doit répondre au crime. Si le père punit Achille en lui enlevant sa fille, c'est que le fils avait commis la faute de vouloir ravir cette proie au père. »

Pour approfondir

L'œuvre et ses représentations

Force est de constater qu'*Iphigénie* n'est pas souvent portée à la scène. Deux faits illustrent la désaffection dont est victime cette pièce, qui ne semble plus guère correspondre au goût et à la sensibilité du XXe siècle : à la Comédie-Française, elle est la moins jouée de toutes les grandes pièces de Racine ; aucun des grands metteurs en scène qui ont marqué l'histoire du théâtre ne l'a montée. Quoi qu'il en soit, l'examen rapide de quelques mises en scène marquantes d'*Iphigénie* permet de mesurer à quel point, à partir d'un même texte, les choix scéniques peuvent être différents, en fonction non seulement de la lecture et de l'interprétation du metteur en scène, mais aussi de l'effet que celui-ci souhaite produire sur les spectateurs.

Jean Kerchbron

En 1968, Jean Kerchbron signe une mise en scène qui insiste sur le contraste entre les différents protagonistes d'*Iphigénie* tout en démasquant les impostures idéologiques dont est victime l'héroïne : Agamemnon apparaît comme un homme médiocre et lâche, qui ne se résout au sacrifice que pour rendre possible une expédition destinée à accroître sa richesse ; Ulysse parle de façon sèche, défendant avec pragmatisme les intérêts de la patrie ; Achille, avec son jeu nerveux, montre bien qu'il n'est pas dupe des machinations qui se trament contre sa fiancée au nom de la raison d'État ; quant à Iphigénie, son physique gracieux et sa voix douce la présentent comme une victime résignée. Dans cette mise en scène extrêmement dépouillée, les gestes sont stylisés et prennent valeur de symbole. Quant au décor, qui se réduit à une pyramide, il exhibe la menace qui plane sur Iphigénie : toute l'action se déroule autour de l'autel placé au sommet de cette pyramide.

Jacques Destoop

En 1974, Jacques Destoop fait régner sur scène une atmosphère oppressante : les acteurs bougent très peu ; le décor est constitué de bateaux immobilisés qui, avec leurs carènes dressées vers le ciel, ressemblent à des sculptures menaçantes. Le caractère glacial et statique de cette mise en scène vise à faire ressortir l'immense solitude d'Agamemnon, enfermé dans une quête spirituelle proche du mysticisme.

Jean-Michel Rabeux

En 1976, Jean-Michel Rabeux choisit d'habiller ses comédiens de costumes enrubannés du XVIIe siècle. Les comédiens ont un jeu volontairement maniéré, fait de préciosité et d'amabilité artificielle. La mise en scène suggère ainsi l'étouffement de l'individu et du désir par les conventions de Versailles. Elle insiste également sur l'hypocrisie d'une cour assoiffée de spectacles sanglants, qui se délecte à l'avance du sacrifice à venir. Dans cet univers plein de cruauté, Agamemnon apparaît comme un père incestueux et sadique, qui refoule son désir jusqu'au meurtre organisé.

Yannis Kokkos

En 1991, Yannis Kokkos privilégie la composition visuelle de scènes inspirées par les tableaux hiératiques du XVIIe siècle, tels que ceux de Poussin. Dans un décor dépouillé, dominé par une grande voile, les comédiens figent leurs gestes, de façon à constituer des fragments de tableaux. C'est ainsi que lorsqu'Agamemnon, assis sur le rocher qui se trouve au centre de sa tente, tient entre ses bras le corps de sa fille presque inanimé (IV, 6), son attitude fait songer à une Pièta. Ce graphisme corporel est mis en valeur par un jeu d'éclairages sophistiqués et par les couleurs contrastées des longues robes des femmes (blanche pour l'innocente Iphigénie, rouge pour la furieuse Clytemnestre, noire pour la sombre Ériphile).

Daniel Jeanneteau

En 2001, Daniel Jeanneteau propose une mise en scène solennelle et mystérieuse. La diction des vers est ostensiblement ralentie. Les jeux d'ombre et de lumière, très travaillés, suggèrent la menace du néant. L'espace scénique est délimité par un socle de bois verni, une voilure de bois clair et des tentures blanches sur les bas-côtés. Le fond du décor consiste en une immense ouverture profonde et

Pour approfondir

sombre, qui avale les personnages lorsqu'ils quittent la scène, telle une bouche béante et menaçante. Le parti pris de cette mise scène est de suggérer la violence obscure et les forces de destruction qui animent les personnages d'une barbarie furieuse.

▌ *Ophélia Teillard*

En 2003, Ophélia Teillard, qui voit dans *Iphigénie* « une folle histoire d'amour, un sublime western, une tragédie sauvage », exhibe la puissance d'autodestruction qui anime les hommes – qui ont toujours besoin de guerre, de mort et de sacrifice. La chorégraphie évoque un rituel sophistiqué et sauvage, plein de sensualité, qui conduit implacablement à la mort.

Dessin de costume pour les princes lesbiens
prisonniers d'Achille, par Multzer, 1907.

Pour approfondir

152

Mise en scène de Jacques Destoop au Théâtre Marigny,
le 17 novembre 1974.
Avec Jacques Destoop (Agamemnon).

Mise en scène de Yannis Kokkos à la Comédie-Française,
le 15 octobre 1991.
Avec Michel Favory (Agamemnon) et Valérie Dreville (Iphigénie).

Mise en scène de Daniel Jeanneteau au Théâtre de la Cité internationale,
le 23 avril 2001.
Avec Valérie Dashwood (Iphigénie), Clotilde Mollet (Clytemnestre)
et Laurent Poitrenaux (Achille).

Mise en scène de Ophélia Teillard à Brétigny-sur-Orge
le 14 octobre 2002.
Avec Fanny Avram et Marc Zammit.

Vers le bac

Corpus bac : dialogue et conflit au théâtre

TEXTE 1

Racine, *Iphigénie*, acte V, scène 2.

TEXTE 2

Albert Camus, *Les Justes*, acte II.

[Dans Les Justes, *Camus met en scène un groupe de révolutionnaires russes qui préparent un attentat contre le grand-duc. Kaliayev est chargé de lancer la bombe sur la calèche où se trouve l'aristocrate. Mais au moment de passer à l'acte, il aperçoit, à côté du grand-duc, deux enfants, et ne lance pas sa bombe. Revenu auprès de ses camarades, il insiste sur sa volonté d'être un justicier et non un assassin. Tout le groupe des terroristes approuve ce refus de tuer des innocents, à l'exception de Stepan.]*

DORA. Ouvre les yeux et comprends que l'Organisation perdrait ses pouvoirs et son influence si elle tolérait, un seul moment, que des enfants fussent broyés par nos bombes.

STEPAN. Je n'ai pas assez de cœur pour ces niaiseries. Quand nous nous déciderons à oublier les enfants, ce jour-là, nous serons les maîtres du monde et la révolution triomphera.

DORA. Ce jour-là, la révolution sera haïe de l'humanité entière.

STEPAN. Qu'importe si nous l'aimons assez fort pour l'imposer à l'humanité entière et la sauver d'elle-même et de son esclavage.

DORA. Et si l'humanité entière rejette la révolution ? Et si le peuple entier, pour qui tu luttes, refuse que ses enfants soient tués ? Faudra-t-il le frapper aussi ?

STEPAN. Oui, s'il le faut, et jusqu'à ce qu'il comprenne. Moi aussi, j'aime le peuple.

DORA. L'amour n'a pas ce visage.

STEPAN. Qui le dit ?

DORA. Moi, Dora.

STEPAN. Tu es une femme et tu as une idée malheureuse de l'amour.

DORA, *avec violence* : Mais j'ai une idée juste de ce qu'est la honte.

STEPAN. J'ai eu honte de moi-même, une seule fois, et par la faute des autres. Quand on m'a donné le fouet. Le fouet, savez-vous ce que c'est ? Véra était près de moi et elle s'est suicidée par protestation. Moi, j'ai vécu. De quoi aurais-je honte, maintenant ?

ANNENKOV. Stepan, tout le monde ici t'aime et te respecte. Mais quelles que soient tes raisons, je ne puis te laisser dire que tout est permis. Des centaines de nos frères sont morts pour qu'on sache que tout n'est pas permis.

STEPAN. Rien n'est défendu de ce qui peut servir notre cause.

TEXTE 3

Henri de Montherlant, *La Reine morte*, acte II, scène 1.

[L'action se passe au Portugal, au XIVᵉ siècle. Le roi Ferrante souhaite marier son fils Pedro à l'Infante de Navarre pour des raisons politiques. Mais le jeune homme refuse cette union, car il a épousé en secret Inès de Castro, qui attend un enfant de lui. Furieux, le roi donne l'ordre d'arrêter don Pedro. Le roi s'entretient ici avec son Premier ministre, Egas Coelho, et un conseiller, Alver Gonçalvès, afin de décider du sort d'Inès de Castro.]

EGAS COELHO. [...] Votre majesté nous demande notre avis. En notre âme et conscience, nous faisons le vœu que doña Inès ne puisse plus être à l'avenir une cause de trouble dans le royaume.

FERRANTE. Qu'elle soit emprisonnée ? exilée ?

EGAS COELHO. Qu'elle passe promptement de la justice du roi à la justice de Dieu.

FERRANTE. Quoi ! la faire mourir ! Quel excès incroyable ! Si je tue quelqu'un pour avoir aimé mon fils, que ferais-je donc à qui l'aurait haï ? Elle a rendu amour pour amour, et elle l'a fait avec mon consentement. L'amour payé par la mort ! Il y aurait une grande injustice.

EGAS COELHO. L'injustice, c'est de ne pas infliger un châtiment mérité.

ALVAR GONÇALVES. Et les offenses publiques ne supportent pas le pardon.

FERRANTE. Le Prince et Inès sont également coupables. Mais Inès seule serait tuée !

ALVAR GONÇALVES. Tacite écrit : « Tous deux étaient coupables. Cumanus seul fut exécuté, et tout rentra dans l'ordre. »

FERRANTE. N'est-ce pas cruauté affreuse que tuer quelqu'un qui n'a pas eu de torts ?

ALVAR GONÇALVES. Des torts ! Elle en a été l'occasion.

EGAS COELHO. Quand une telle décision ne vient pas d'un mouvement de colère, mais du conseil de la raison, elle n'est pas cruauté, mais une justice.

FERRANTE. Oh ! l'impossible position de la raison et de la justice !

EGAS COELHO. D'ailleurs, y aurait-il ici injustice, la création de Dieu est un monceau d'innombrables injustices. La société des hommes aurait-elle l'orgueil infernal de prétendre être plus parfaite ?

FERRANTE. Je suis prêt à mettre doña Inès dans un monastère.

EGAS COELHO. Dont le Prince, en prison ou non, l'aura fait enlever avant trois mois.

FERRANTE. Je puis l'exiler.

EGAS COELHO. Où elle sera, elle sera un foyer de sédition. Le Prince groupera autour d'elle tous vos ennemis. Ils attendront votre mort, ou peut-être la hâteront, puisqu'il suffit de cette mort pour qu'Inès règne. Non : tout ou rien. Ou le pardon avec ses folles conséquences, ou la mort.

ALVAR GONÇALVES. Sans compter que – monastère ou exil – on penserait que Votre Majesté a eu peur de verser le sang. Ce qui conviendrait mal à l'idée qu'on doit se faire d'un roi.

FERRANTE. Si j'étais homme à me vanter du sang que j'ai répandu, je rappellerais que j'en ai fait couler assez, dans les guerres et ailleurs.

EGAS COELHO. Le sang versé dans les guerres ne compte pas.

FERRANTE. J'ai dit : et ailleurs. Il me semble que, sous mon règne, les exécutions n'ont pas manqué.

EGAS COELHO. On dira que ce coup, vous avez bien osé tuer un ministre de Dieu ; mais non une femme, seulement parce que femme.

FERRANTE. La nature ne se révolte-t-elle pas, à l'idée qu'un ôte la vie à qui la donne ? Et doña Inès, de surcroît, est une femme bien aimable.

ALVAR GONÇALVES. D'innombrables femmes sont aimables.

SUJET

I. Question préliminaire (sur 4 points)

Pour chaque extrait, analysez la progression du dialogue.

II. Travaux d'écriture (sur 16 points) – au choix :

Sujet 1. Commentaire

Vous commenterez l'extrait des *Justes*.

Sujet 2. Dissertation

Eugène Ionesco écrivait dans *Notes et Contre-notes* : « Il faut aller au théâtre comme on va à un match de football, de boxe, de tennis. Le match nous donne en effet l'idée la plus exacte de ce qu'est le théâtre à l'état pur : antagonismes en présences, oppositions dynamiques, heurts sans raison de volontés contraires. » En vous appuyant sur les textes du corpus et sur vos propres lectures, vous tenterez d'expliquer et de justifier cette conception du théâtre.

Sujet 3. Écriture d'invention

Écrivez une tirade dans laquelle Stepan explique qu'il vaut mieux tuer deux enfants que de laisser régner la misère et le despotisme.

TEXTE 1

Racine, *Iphigénie*, acte IV, scène 4,
tirade d'Agamemnon, v. 1216-1244.

TEXTE 2

Alfred de Musset, *Lorenzaccio*,
acte III, scène 3.

[À Florence, en 1537, le jeune Lorenzo rêve d'assassiner le tyran Alexandre de Médicis. Il gagne sa confiance en le suivant dans toutes ses débauches. Mais peu à peu, à force de vivre dans le vice, il se laisse gagner par un profond pessimisme, au point de ne plus parvenir à croire dans les valeurs et les idéaux qui motivaient son acte. Pourtant, il ne renonce pas à tuer Alexandre. Il s'en explique ici à Philippe Strozzi, le chef des républicains.]

LORENZO. Tu me demandes pourquoi je tue Alexandre ? Veux-tu donc que je m'empoisonne, ou que je saute dans l'Arno ? Veux-tu donc que je sois un spectre, et qu'en frappant ce squelette... *(il frappe sa poitrine)* il n'en sorte aucun son ? Si je suis l'ombre de moi-même, veux-tu donc que je rompe le seul fil qui rattache aujourd'hui mon cœur à quelques fibres de mon cœur d'autrefois ? Songes-tu que ce meurtre, c'est tout ce qui me reste de ma vertu ? Songes-tu que je glisse depuis deux ans sur un rocher taillé à pic, et que ce meurtre est le seul brin d'herbe où j'aie pu cramponner mes ongles ? Crois-tu donc que je n'aie plus d'orgueil, parce que je n'ai plus de honte, et veux-tu que je laisse mourir en silence l'énigme de ma vie ? Oui, cela est certain, si je pouvais revenir à la vertu, si mon apprentissage du vice pouvait s'évanouir, j'épargnerais peut-être ce conducteur de bœufs – mais j'aime le vin, le jeu et les filles, comprends-tu cela ? Si tu honores en moi quelque chose, toi qui me parles, c'est mon meurtre que tu honores, peut-être justement parce que tu ne le ferais pas. Voilà assez longtemps, vois-tu, que les républicains me couvrent de boue et d'infamie ; voilà assez longtemps que les oreilles me tintent, et que l'exécration des hommes empoisonne le pain que je mâche. J'en ai assez de me voir conspué par des lâches sans nom, qui m'accablent d'injures pour se dispenser de m'assommer, comme ils le devraient. J'en ai assez d'entendre brailler en plein vent le bavardage humain ; il faut que le monde sache un peu qui je suis, et qui il est. Dieu merci, c'est peut-être demain que je tue Alexandre ; dans deux jours j'aurai fini.

TEXTE 3

Jean Anouilh, **Antigone**.

[Les fils d'Œdipe se sont entre-tués pour obtenir le trône de Thèbes. Leur oncle, le roi Créon, a interdit, afin de donner l'exemple, d'enterrer le cadavre du frère jugé coupable, sous peine de mort. Or leur sœur, Antigone, a enfreint cet ordre. Elle comparaît ici devant son oncle. Créon aimerait bien ne pas avoir à la condamner à mort, mais l'obstination d'Antigone à revendiquer son acte et à dire « non » l'y oblige. Il tente alors de lui faire comprendre les souffrances liées à la fonction de roi, qui l'oblige à faire respecter les lois et à maintenir l'ordre malgré ce qu'il lui en coûte.]

CRÉON *la secoue soudain, hors de lui.* Mais, bon Dieu ! Essaie de comprendre une minute, toi aussi, petite idiote ! J'ai bien essayé de te comprendre, moi. Il faut pourtant qu'il y en ait qui disent oui. Il faut pourtant qu'il y en ait qui mènent la barque. Cela prend l'eau de toutes parts, c'est plein de crimes, de bêtise, de misère... Et le gouvernail est là qui ballotte. L'équipage ne veut plus rien faire, il ne pense qu'à piller la cale et les officiers sont déjà en train de se construire un petit radeau confortable, rien que pour eux, avec toute la provision d'eau douce pour tirer au moins leurs os de là. Et le mât craque, et le vent siffle, et les voiles vont se déchirer, et toutes ces brutes vont crever toutes ensemble, parce qu'elles ne pensent qu'à leur peau, à leur précieuse peau et à leurs petites affaires. Crois-tu, alors, qu'on a le temps de faire le raffiné, de savoir s'il faut dire « oui » ou « non », de se demander s'il ne faudra pas payer trop cher un jour et si on pourra encore être un homme après ? On prend le bout de bois, on redresse devant la montagne d'eau, on gueule un ordre et on tire dans le tas, sur le premier qui s'avance. Dans le tas ! Cela n'a pas de nom. C'est comme la vague qui vient de s'abattre sur le pont devant vous ; le vent qui vous gifle, et la chose qui tombe dans le groupe n'a pas de nom. C'était peut-être celui qui t'avait donné du feu en souriant la veille. Il n'a plus de nom. Et toi non plus, tu n'as plus de nom, cramponné à la barre. Il n'y a plus que le bateau qui ait un nom et la tempête. Est-ce que tu le comprends, cela ?

SUJET

I. Question préliminaire (sur 4 points)

Pour chaque tirade, relevez les principaux procédés de style qui mettent en relief l'attitude qu'adopte le héros face à son destin.

II. Travaux d'écriture (sur 16 points) – au choix

Sujet 1. Commentaire

Vous commenterez l'extrait d'*Iphigénie*.

Sujet 2. Dissertation

Lucien Goldmann écrivait : « Dans la réalité, [...] il n'y a évidemment que du plus ou du moins. Pour réaliser approximativement certaines valeurs il faut faire des concessions, et d'autre part, certains désirs, certaines valeurs restent à l'état d'aspiration. En face de ce monde que nous appellerons le monde du relatif, se dresse l'homme tragique avec son exigence d'absolu, qui juge ce monde avec la catégorie du tout ou rien. [...] C'est dire que dans la tragédie le conflit entre le héros et le monde est radical et insoluble. » Vous vous demanderez si le conflit tragique naît toujours du conflit entre le héros et le monde.

Sujet 3. Écriture d'invention

Imaginez la réponse que fait Philippe Strozzi à Lorenzo : écrivez une tirade dans laquelle il avoue son mépris pour le jeune homme, qu'il accuse d'immoralité, et qu'il croit incapable de passer à l'acte.

Objet d'étude : l'argumentation, convaincre, persuader et délibérer.

Corpus bac 3 : convaincre et persuader au théâtre

TEXTE 1

Racine, *Iphigénie*, acte I, scène 3,
tirade d'Ulysse, v. 281-320.

TEXTE 2

Molière, *Dom Juan*, acte IV, scène 4,
tirade de Don Luis.

[Dom Louis est scandalisé par la conduite de son fils libertin, Dom Juan. Venant le trouver chez lui, il lui adresse un discours grave et véhément. Après avoir insisté sur l'indignation d'un père trompé dans son amour, Dom Louis en vient dans cet extrait à expliquer ce qu'il reproche à son fils.]

Ah ! quelle bassesse est la vôtre ! Ne rougissez-vous point de mériter si peu votre naissance ? Êtes-vous en droit, dites-moi, d'en tirer quelque vanité ? Et qu'avez-vous fait dans le monde pour être gentilhomme ? Croyez-vous qu'il suffise d'en porter le nom et les armes, et que ce nous soit une gloire d'être sorti d'un sang noble lorsque nous vivons en infâmes ? Non, non, la naissance n'est rien où la vertu n'est pas. Aussi nous n'avons part à la gloire de nos ancêtres qu'autant que nous nous efforçons de leur ressembler ; et cet éclat de leurs actions qu'ils répandent sur nous nous impose un engagement de leur faire le même honneur, de suivre les pas qu'ils nous tracent, et de ne point dégénérer de leurs vertus, si nous voulons être estimés leurs véritables descendants. Ainsi vous descendez en vain des aïeux dont vous êtes né : ils vous désavouent pour leur sang, et tout ce qu'ils ont fait d'illustre ne vous donne aucun avantage ; au contraire, l'éclat n'en rejaillit sur vous qu'à votre déshonneur, et leur gloire est un flambeau qui éclaire aux yeux d'un chacun la honte de vos actions. Apprenez enfin qu'un gentilhomme qui vit mal est un monstre dans la nature, que la vertu est le premier titre de noblesse, que je regarde bien moins au nom qu'on signe qu'aux actions qu'on fait, et que je ferai plus d'état du fils d'un crocheteur qui serait honnête homme que du fils d'un monarque qui vivrait comme vous.

TEXTE 3

Jean Giraudoux, *La guerre de Troie n'aura pas lieu*, acte I, scène 6.

[Face aux femmes qui défendent la paix, le vieux roi Priam vante les vertus de la guerre, qui transforme les hommes en héros. Andromaque, profondément pacifiste, s'oppose ici à son beau-père.]

ANDROMAQUE. Mon père, je vous en supplie. Si vous avez cette amitié pour les femmes, écoutez ce que toutes les femmes du monde vous disent par ma voix. Laissez-nous nos maris comme ils sont. Pour qu'ils gardent leur agilité et leur courage, les dieux ont créé autour d'eux tant d'entraîneurs vivants ou non vivants ! Quand ce ne serait que l'orage ! Quand ce ne serait que les bêtes ! Aussi longtemps qu'il y aura des loups, des éléphants, des onces, l'homme aura mieux que l'homme comme émule et comme adversaire. Tous ces grands oiseaux qui volent autour de nous, ces lièvres dont nous les femmes confondons le poil avec les bruyères, sont de plus sûrs garants de la vue perçante de nos maris que l'autre cible, que le cœur de l'ennemi emprisonné dans sa cuirasse. Chaque fois que j'ai vu tuer un cerf ou un aigle, je l'ai remercié. Je savais qu'il mourait pour Hector. Pourquoi voulez-vous que je doive à Hector la mort d'autres hommes ?

PRIAM. Je ne le veux pas, ma petite chérie. Mais savez-vous pourquoi vous êtes là, toutes si belles et si vaillantes ? C'est parce que vos maris et vos pères et vos aïeux furent des guerriers. S'ils avaient été paresseux aux armes, s'ils n'avaient pas su que cette occupation terne et stupide qu'est la vie se justifie soudain et s'illumine par le mépris que les hommes ont d'elle, c'est vous qui seriez lâches et réclameriez la guerre. Il n'y a pas deux façons de se rendre immortel ici-bas, c'est d'oublier qu'on est mortel.

ANDROMAQUE. Oh ! justement, Père, vous le savez bien ! Ce sont les braves qui meurent à la guerre. Pour ne pas y être tué, il faut un grand hasard ou une grande habileté. Il faut avoir courbé la tête ou s'être agenouillé au moins une fois devant le danger. Les soldats qui défilent sous les arcs de triomphe sont ceux qui ont déserté la mort. Comment un pays pourrait-il gagner dans son honneur et dans sa force en les perdant tous deux ?

PRIAM. Ma fille, la première lâcheté est la première ride d'un peuple.

SUJET

I. Question préliminaire (sur 4 points)

Relevez les procédés stylistiques qui rendent ces discours à la fois véhéments et solennels.

II. Travaux d'écriture (sur 16 points) – au choix

Sujet 1. Commentaire

Vous commenterez la scène extraite de *La guerre de Troie n'aura pas lieu*.

Sujet 2. Dissertation

Corneille affirmait que « la tragédie est une imitation ou, pour mieux parler, un portrait des actions des hommes ». Vous discuterez cette thèse en prenant appui sur les textes du corpus, vos lectures personnelles et votre propre expérience de spectateur.

Sujet 3. Écriture d'invention

Écrivez la tirade en prose par laquelle une mère cherche à persuader son fils de renoncer à un ami qui a une mauvaise influence sur lui. Vous aurez pour cela recours à l'éloge et au blâme, ainsi qu'aux procédés du discours argumentatif.

Documentation et compléments d'analyse sur :
www.petitsclassiqueslarousse.com

Vers le bac

Objet d'étude : le théâtre, texte et représentation.

À l' **oral**

Acte IV, scène 8.
Sujet : Quelle est la fonction du monologue d'Agamemnon ?

RAPPEL

Une lecture analytique peut suivre les étapes suivantes :
I. Mise en situation du passage, puis lecture à haute voix
II. Projet de lecture
III. Composition du passage
IV. Analyse du passage
V. Conclusion : remarques à regrouper un jour d'oral en fonction de la question posée

I. Mise en situation du passage

Lors de son apparition sur scène, Agamemnon explique à Arcas son revirement : alors qu'il s'était résolu à sacrifier sa fille, il revient sur sa décision. Pourtant, cédant aux arguments d'Ulysse et à l'arrêt de la fatalité qu'il voit dans l'échec de la mission d'Arcas, Agamemnon, par un nouveau revirement, décide de sacrifier sa fille. Même s'il s'avoue déchiré dans son « cœur de père » (IV, 5), Agamemnon apparaît bien décidé à immoler sa fille, moins pour obéir aux dieux que pour affirmer sa pleine autorité, notamment à l'égard d'Achille (IV, 7). Or, alors même qu'il vient d'appeler les gardes afin de leur donner l'ordre de procéder au sacrifice, il est assailli de doutes ; il repousse encore le moment de donner son ordre en examinant le dilemme qu'il doit affronter.

L'enjeu de ce monologue est clairement défini par Agamemnon lui-même : de ce combat intérieur dépend l'ordre qu'il s'apprête à donner aux gardes (v. 1430 : « Puis-je leur prononcer cet ordre sanguinaire ? ») Ce monologue suscite donc l'intérêt du spectateur, qui se demande si Agamemnon va maintenir sa décision ou au contraire y renoncer. En effet, deux images contradictoires d'Agamemnon ont été données au spectateur depuis le début de la pièce : d'une part, celle du roi décidé à assumer ses responsabilités face aux dieux, face à ses alliés et face à ses soldats ; d'autre part, celle d'un père qui ne peut se résoudre à faire mourir sa fille. La suite de la pièce dépend donc du choix d'Agamemnon – choix douloureux qui donne lieu à une délibération.

II. Projet de lecture

Il s'agit de voir en quoi ce long monologue est un monologue délibératif, c'est-à-dire une pause réflexive visant à prendre une décision à l'issue d'une confrontation d'idées. Confronté au dilemme qui lui impose de choisir entre l'amour paternel et le devoir politique et religieux, le héros tragique analyse les différents aspects et enjeux du choix qu'il doit faire, examine les options possibles et cherche à évaluer les conséquences de chaque scénario possible avant de prendre une décision définitive – démarche introspective caractéristique de la délibération.

III. Composition du passage

– **Vers 1429-1432 :**
Les trois premiers vers, qu'Agamemnon, dans l'état d'exaltation qui est le sien, s'adresse à lui-même, soulignent l'enjeu de cette pause réflexive.

– **Vers 1433-1440 :**
Agamemnon anticipe la scène de sacrifice qu'il va devoir vivre, évoquant des images insupportables (reproches de son épouse, sédition de ses soldats, révolte d'Achille, soumission de sa fille).

– **Vers 1441-1449 :**
Agamemnon en vient alors à penser que sa décision est intenable. Incapable de verser le sang de sa fille, il cède au « sang », à l'« amitié » et à la « pitié ».

– Vers 1449-1454 :

Après avoir parlé en père, Agamemnon revient brusquement à sa « gloire » et parle en roi humilié par le « téméraire orgueil » d'Achille, qui lui a manqué de respect.

– Vers 1455-1456 :

Emporté à la fois par le désir de sauver Iphigénie et de punir Achille, Agamemnon décide de laisser la vie sauve à sa fille mais de ne plus la marier à Achille.

– Vers 1457-1458 :

Ayant pris sa décision, Agamemnon fait appeler Clytemnestre et Iphigénie.

IV. *Analyse du passage*

> *Le monologue d'un homme tourmenté confronté à un dilemme*

1. Un monologue qui met en scène le profond désarroi d'Agamemnon

a. Une situation d'énonciation pathétique
– un héros seul face à lui-même ;
– un héros qui mesure pleinement l'enjeu crucial de cette pause réflexive.

b. Les nombreuses manifestations d'émotion dans la parole d'Agamemnon
– les effets de versification qui traduisent l'agitation intérieure d'Agamemnon ;
– les indices syntaxiques de son désarroi.

2. Une douloureuse prise de conscience

a. Le vertige devant sa propre liberté
– la toute-puissance d'Agamemnon ;
– Agamemnon, bourreau de lui-même… et d'Iphigénie.

b. La nécessité de faire un choix et de le concrétiser au plus vite
– l'expression finale de son choix ;
– le sentiment d'urgence d'Agamemnon, qui dramatise son propos.

Un monologue délibératif extrêmement rigoureux

1. Une délibération qui adopte le plan tripartite (thèse, antithèse, synthèse)

a. Agamemnon envisage le scénario du sacrifice ;

b. Agamemnon envisage le scénario de l'annulation du sacrifice ;

c. Agamemnon trouve une solution pour concilier des exigences a priori contradictoires.

2. L'examen des deux risques encourus

a. par l'accomplissement du sacrifice d'Iphigénie ;

b. par le refus de sacrifier Iphigénie.

Une nouvelle étape dans la progression vers la grandeur tragique

1. Une situation pathétique qui suscite l'émotion et la compassion du spectateur

a. La décision d'Agamemnon donnera nécessairement lieu à un « combat » soit contre ses proches, soit contre les dieux, soit contre Achille.

b. L'archétype du héros tragique, qui apparaît « ni tout à fait coupable ni tout à fait innocent » (préface de *Phèdre*).

2. Le double intérêt psychologique et dramatique d'un monologue qui met en scène une lutte intérieure dont dépend tout le reste de la pièce

a. L'intérêt psychologique d'une délibération qui met en scène un homme déchiré et paradoxal.

b. L'intérêt dramatique d'une délibération dont dépend le sort d'Iphigénie.

V. Conclusion

On peut souligner le triple intérêt de ce monologue délibératif. D'un point de vue dramatique, il fait attendre avec impatience la suite, dans la mesure où le spectateur se demande si Agamemnon va effectivement être capable de sauver Iphigénie. D'un point de vue psychologique, ce monologue apporte au public un éclairage supplémentaire sur la personnalité complexe et contradictoire du roi. D'un point de vue dramaturgique, ce monologue, en déployant une délibération qui examine tous les aspects du dilemme tragique, est propre à susciter l'émotion du spectateur, qui ne peut s'empêcher de se livrer à une réflexion inquiète sur les aléas de la condition humaine et les souffrances imposées aux hommes – réflexion qui est le propre de l'effet produit par la représentation du conflit tragique.

AUTRES SUJETS TYPES

- *Le registre épique : acte I, scène 2 (v. 243-276)*

- *Le discours argumentatif : acte I, scène 5 (v. 369-388)*

- *La rhétorique du plaidoyer : acte III, scène 4 (v. 854-876)*

- *Un discours pathétique : acte III, scène 5 (v. 929-948)*

Documentation et compléments d'analyse sur :
www.petitsclassiqueslarousse.com

Vers le bac

Outils de lecture

Action dramatique
Succession des événements
qui constituent l'intrigue
de la pièce de théâtre ; vient
du grec, *drama*, « action ».

Coup de théâtre
Événement inattendu qui fait
rebondir l'action.

Didascalie
Partie du texte de théâtre
qui n'est pas prononcée
par les acteurs et qui
donne la liste et les noms
des personnages, la mention
des actes et des scènes,
les changements de tour
de parole, mais aussi
des indications de mise
en scène.

Double énonciation
Particularité du genre théâtral
qui fait qu'un personnage qui
s'adresse à un autre informe
en même temps le spectateur.

Dramaturgie
Technique de composition
et d'écriture propre à l'écrivain
de théâtre.

Exposition
Partie de la pièce qui fournit
les éléments nécessaires
à la compréhension
de la situation initiale.

Ironie tragique
Au théâtre, décalage
d'information entre
le spectateur et un personnage
qui ne discerne pas la menace
qui plane sur lui et dont
le spectateur est au courant.

Monologue
Discours que prononce
le personnage seul en scène,
comme s'il se parlait à lui-
même.

Nœud de l'action
Moment de la pièce où
le conflit atteint son point
culminant, où les obstacles
auxquels sont confrontés
les héros semblent
insurmontables.

Péripétie
Au théâtre, événement qui
crée un rebondissement
et bouleverse la situation
des personnages ; quand il
est imprévu, on parle de coup
de théâtre.

Règles
Le théâtre classique est régi
par un ensemble de règles :
vraisemblance, bienséances,
règle des trois unités (unité
de temps, de lieu et d'action).

Stichomythie
Dialogue où les personnages
se répondent vers à vers.

Tirade
Longue suite de vers
récitée sans interruption
par un personnage de théâtre.

Bibliographie et filmographie

Éditions complètes de l'œuvre de Racine

- Viala Alain et Morel Jacques, *Racine, théâtre complet*, Bordas, coll. « Classiques Garnier », 1980.
- Forestier Georges, *Racine, Théâtre et Poésie*, coll. « Bibliothèque de la Pléiade », Gallimard, 1999 (nouvelle édition, après celle de 1950 dirigée par R. Picard).

Approches biographiques de Racine, sa vie et son œuvre

- Picard Raymond, *La Carrière de Jean Racine*, Gallimard, 1961.
- Rohou Jean, *Racine entre sa carrière, son œuvre et son Dieu*, Fayard, 1992.
- Viala Alain, *Racine, la stratégie du caméléon*, Seghers, 1990.

Présentations d'ensemble des tragédies de Racine

- Gutwirth Marcel, *Jean Racine, un itinéraire poétique*, Presses de l'Université de Montréal, 1970.
- Maulnier Thierry, *Racine*, Gallimard, 1936.
- Rohou Jean, *L'Évolution du tragique racinien*, SEDES, 1991.

Sur la réception des pièces de Racine

- Rohou Jean, *Jean Racine. Bilan critique*, Nathan, 1994.
- Roubine Jean-Jacques, *Lectures de Racine*, A. Colin, coll. « U2 », 1971.

Études critiques sur le théâtre de Racine

- Barthes Roland, *Sur Racine*, Seuil, 1963.
- Goldmann Lucien, *Le Dieu caché*, NRF, Gallimard, 1959.
- Mauron Charles, *L'Inconscient dans l'œuvre et la vie de Jean Racine*, 1957.

Films tirés de la mythologie grecque

- Wlise Robert, *Hélène de Troie*, 1954.
- Camerini Mario, *Ulysse*, 1954, avec Kirk Douglas.

Bibliographie et filmographie

- Ferroni Giorgio, *La Guerre de Troie*, 1961.
- Girolami Marino, *La Colère d'Achille*, 1962.
- Cacoyannis Michael, *Les Troyennes*, 1971.
- Cacoyannis Michael, *Iphigénie*, 1977.
- Petersen Wolfgang, *Troie*, 2004, avec Brad Pitt.

Films sur Racine et le monde théâtral au XVIIe siècle
- Mnouchkine Ariane, *Molière ou la vie d'un honnête homme*, 1978.
- Belmont Véra, *Marquise*, 1998, avec Sophie Marceau.
- Mazuy Patricia, *Saint-Cyr*, 2000, avec Isabelle Huppert.

Film sur la vie de Cour et les divertissements des Grands
- Guitry Sacha, *Si Versailles m'était conté*, 1954.
- Corbiau Gérard, *Le roi danse*, 2000, avec Benoît Magimel.
- Joffé Roland, *Vatel*, 2000, avec Gérard Depardieu.

Crédits photographiques

Direction de la collection : Carine GIRAC-MARINIER
Direction éditoriale : Claude NIMMO
Édition : Marie-Hélène CHRISTENSEN
Lecture-correction : service lecture-correction LAROUSSE
Recherche iconographique : Valérie PERRIN, Marie-Annick REVEILLON
Direction artistique : Uli MEINDL
Couverture et maquette intérieure : Serge CORTESI, Sylvie SÉNÉCHAL,
Uli MEINDL
Responsable de fabrication : Marlène DELBEKEN

Photocomposition : CGI
Impression : Rotolito (Italie)
Dépôt légal : Janvier 2008 - 301485/08
N° Projet : 11036718 - Septembre 2017